I0820773

Un día contaré esta historia

Un día contaré esta historia

Amanda Lalena Escalante

Papel certificado por el Forest Stewardship Council®

Un día contaré esta historia

Primera edición: marzo, 2025

penguinlibros.com

ISBN: 978-607-385-575-4

Impreso en México – *Printed in Mexico*

Un día contaré esta historia

Llegué a la Ciudad de México en 1985. Un vuelo de cuarenta minutos me separó del puerto de Tampico. Dejé atrás los árboles de mango, el mar, y aterricé en una ciudad que acababa de derrumbarse. Tres meses antes, un terremoto de magnitud 8.1 había sacudido la Ciudad de México, llevándose alrededor de quince mil vidas, incluida la de mi padre. Yo tenía apenas seis años.

Al salir del aeropuerto, mi madre y yo abordamos un taxi Volkswagen amarillo y nos dirigimos a la colonia Juárez en busca del edificio donde él había fallecido. Fue impactante descubrir que los escombros aún yacían allí, como si el terremoto hubiera ocurrido esa misma mañana. Mi mirada subía y bajaba entre los escombros, buscando algún tipo de orden entre aquellas partes inconexas. Un nudo de hogares, varillas enredadas con muebles, pedazos de telas, juguetes aplastados... era un nido gigante, un nido enhebrado por la muerte.

De un momento a otro, su casa se volvió su tumba. ¿Cómo confiar en la materia? ¿Cómo dormir sabiendo que en cualquier instante todo puede hacerse añicos? Esa imagen pulverizó mi infancia. Recuerdo con nitidez las figuras que delineaban los escombros, el dolor por la muerte de mi padre y sus vecinos dormidos sobre las ruinas.

Mi mamá se quebró en llanto y trató de abrazar el edificio. "Vamos a que te tomes una coca", le dije. La cocacola era su bebida favorita. Cocacola y delicados sin filtro.

Fuimos a la tiendita de la esquina. El encargado me dio unos dulces y nos platicó que el edificio donde vivía mi padre se había desmoronado unos minutos después de que comenzara el terremoto. Le pregunté a mi madre si aún quedaban cadáveres enterrados. Me respondió que no lo sabía. Ella nunca sabía nada.

Mireya, mi madre, fue una destacada traductora, maestra en el Colegio Americano de Tampico, bastonera y pintora. Una exitosa mujer hasta que se enamoró y ese amor la arrastró a la sombra.

Ella, la Yeya, como le decían de cariño, nunca dejó de ser una niña maleducada y rota por dentro. De adulta, en lugar de comer dulces, consumía drogas. Amaba desconectarse de la realidad y beber hasta colapsar, como aquellos edificios en la esquina de Bruselas y Liverpool. Tenía una mirada tan triste que resultaba increíble, el cabello desordenado y tres pulseras de latón que nunca se quitaba. Ella, el amor de mi vida... lo único que quise fue protegerla. Solo estábamos nosotras dos; no teníamos familia, ni casa, ni dinero.

Mi madre y mi padre se conocieron desde niños. Según me contaba, cruzaron caminos en múltiples ocasiones, intercambiaron miradas, hasta que finalmente hablaron. Los dos amaban a Dylan y a Donovan; hablaban de libros y fumaban marihuana; se volvieron inseparables. Mi papá la invitaba a "la covacha", una pequeña bodega detrás de la casa de mis abuelos, donde se reunían con sus amigos a tocar la guitarra y fumar marihuana.

Mi mamá, en sus constantes viajes a Estados Unidos, le compraba a mi padre decenas de vinilos y libros. Así inició el romance, ligados principalmente por el intelecto y la pasión por la música. Mi padre pasaba muchas horas en casa de los abuelos de mi mamá, donde hablaba sobre filosofía con el abuelo de mi madre, que era masón grado 33. En aquel entonces, mi padre estudiaba psicología, hasta que un rayo psicodélico le indicó que su camino era la música. Mi madre solía decir que era un genio, que tenía un gran sentido del humor, que era celoso y tenía algunos TOC, como lavarse las manos muchas veces.

"Lo amo más que a nada en el mundo. Lo amo de una manera en la que nadie debería amar". Cuando mi padre abandonó la psicología para dedicarse a la música, mi madre dejó su trabajo y a su familia para acompañarlo. Se mudaron juntos a la Ciudad de México. Ella trabajaba para pagar la renta del departamento y la comida, mientras él se dedicaba a componer. Era muy talentoso y pronto empezó a tener éxito, y entre más éxito alcanzaba, menos quería estar atado.

Mi mamá no conocía a nadie en la ciudad, vivía para trabajar. Y, en el peor momento, se embarazó. Tres meses después, una noche en la que mis padres fueron al cine, mi mamá tuvo un sangrado a mitad de la función. Tras acudir al médico y someterse a un legrado, el ginecólogo le dijo: "Señora, hay otro bebé ahí". En la familia de mi madre hay gemelas y cuatas. Éramos dos; ella había abortado a mi hermana, pero yo seguía ahí.

Decidió volver a Tampico para cuidarse de no tener otro aborto. Los abuelos de mi madre habían muerto, así que se refugió en la casa de mis abuelos paternos. Mi papá dijo que llegaría, pero nunca llegó.

Nací en Tampico. Mis primeros meses viví en casa de la familia de mi padre. Tan pronto como se pudo, mi mamá viajó a la Ciudad de México para que mi padre me conociera. Me contó que al cargarme lloró y dijo: "No sé qué hacer con tanta fragilidad".

Acordaron que me llamaría Amanda Lalena, como dos de las canciones favoritas de mi padre, una de Víctor Jara, la otra de Donovan. Mi madre nunca habló mal de mi padre. Su versión de por qué vivíamos separados fue que se alejó para convertirse en cantante. Decía que en la Ciudad de México los sueños se hacen realidad y por eso los artistas viven allí.

Cuando le pregunté por qué no estábamos con él, en la ciudad, me dijo que nosotras éramos del mar y que la ciudad es un monstruo que, si no eres fuerte, te come. Cuando estuve ahí, entendí a lo que se refería: la ciudad era un monstruo capaz de comerse a sí mismo.

Tampoco se quejó cuando estuve al borde de la muerte por una crisis de asma a mis dos años. Mi madre vendió todo, desde sus muebles hasta su ropa, para poder pagar los gastos médicos y salvarme la vida. Mi padre aún no me había registrado, argumentando que no tenía tiempo para ir a Tampico. Ante la emergencia, mi mamá le dijo que ya no podía esperarlo más, mi vida estaba en peligro.

Durante el tratamiento que recibí, me administraron una medicina que tuvo efectos secundarios, como descalcificación e inhibición del crecimiento. Mi padre dijo que le alegraba no haber sido parte de esa decisión.

Me registraron dos años después de nacer. En mi acta de nacimiento mi nombre está de la siguiente manera: Amanda Lalena Escalante Pimentel. Nacida en 1979, registrada en 1981 en Tampico, Tamaulipas. Madre: Mireya Escalante Pimentel. Padre: AUSENTE.

Cuando le pregunté por qué no tenía el apellido de mi padre, mi madre dijo que él no creía en el sistema, que no había registrado ni sus propias canciones, lo cual es verdad: mi padre no registró la mayor parte de su catálogo y murió sin testamento. Me resigné a la idea de que yo era otra de sus canciones.

Mi madre me educó para amar a mi padre y, aunque sus palabras hubieran sido de condena, incluso si me hubiera dicho la verdad, mi corazón seguiría ligado a él. Porque él, mi padre, era maravilloso. Los momentos que estuvimos juntos son la parte más bella de mi vida. Era un padre dulce, paciente y amoroso. Nunca se enojaba, ni siquiera cuando pegué estampitas en sus botas y corté sus agujetas.

Recuerdo nítida su silueta en la puerta, su voz que me cantaba "Lalena, Lalena de las chicas, la más buena". Su silbido, el mismo de la "Balada del asalariado", cuando subía la escalera, la textura de su chamarra, su abrazo y los latidos de su corazón, latidos que estaban contados.

Me sentía la persona más importante del mundo cuando llegaba a verme a la casa, o cuando íbamos a comer solos al Vips. No compartimos muchos años en el mundo, pero mis recuerdos son contundentes. Sé que me amó. No me lo contaron, viví en ese amor.

La Navidad de 1984, antes de su muerte, mi madre y yo fuimos a México. María, la madre de Jorge Dorantes, amiga en ese entonces de mis padres, nos prestó su departamento. Esa Navidad fue increíble: mi padre llegó con la guitarra en una mano y la funda en la otra; en ella había guardado decenas de regalos. Cosas chiquitas compradas en las calles, juguetes del metro donde tocaba. Esa noche se quedó a dormir. Cada que iba a casa, él dormía con mi madre.

Varias veces me visitó en Tampico. Mi madre y yo vivíamos en una casa muy bonita adornada con plantas en botellas de Padre Kino como floreros. Cada noche, mi mamá tomaba una botella de vino mientras escuchaba a Dylan. Luego, un poco ebria, salía en la noche a cortar plantas en la calle.

La última vez que vi a mi padre fue en Tampico. Fuimos a una galería, donde afuera había un puesto que vendía frutas, vasos de mango, coco y naranjas con chiles. Mi papá me dio unas monedas para que comprara un vaso de mango. Al volver corriendo, tropecé con un escalón y me caí, las frutas se desparramaron por todo el suelo. Lloré con exageración. Lo que me agobiaba más era que esas frutas las había pagado mi papá, y mi madre siempre decía que él no tenía dinero.

La tarde antes de su muerte hablamos por teléfono. Mi padre murió a los 33 años. Mi mamá tenía la misma edad. Y ella murió con él. Su corazón latía, sus pies andaban, pero estaba muerta. El dolor se apoderó de su cordura. Sé que me amaba, pero cuando bebía, el alcohol me difuminaba hasta volverme invisible para ella. Cada trago me borraba hasta desaparecerme.

Le gustaba jugar arrancones a toda velocidad por las avenidas de Tampico, en completo estado de embriaguez, conmigo de su copiloto. Algunas madrugadas, estacionaba el coche cerca del cementerio, saltaba la barda del panteón y, una vez adentro, lloraba inconsolablemente sobre la tumba de mi padre hasta quedarse dormida, mientras yo, con apenas seis años, la esperaba afuera.

Mi abuelo paterno dio instrucciones de utilizar las regalías generadas por la música de mi padre para establecer un fideicomiso destinado a financiar mi educación. Tanto mi abuelo como el hermano mayor de mi padre estuvieron de acuerdo. Mi abuelo habló con Modesto López, un extraordinario señor, dueño de Discos Pentagrama, donde se editaron cuatro discos de mi padre, para que esto sucediera. Sin embargo, mi madre insistió en ir a la Ciudad de México para asegurarse de que pagaran las regalías de forma justa. No era necesario que dejáramos Tampico, pero nadie nos detuvo. Cuando digo que no teníamos a nadie, no exagero.

El espíritu rebelde de mi madre se desató en la ciudad, y allí dejó salir todos sus demonios. Se sintió acogida entre *la banda*, un grupo de artesanos y músicos callejeros. Espíritus libres, sin ataduras morales, rebeldes, pachecos y soñadores, que querían cambiar el mundo sin hacer nada. Se sostenían vendiendo aretes, collares y sábanas para forjar. Su punto de reunión era los sábados en el tianguis del Chopo, un lugar icónico de la contracultura capitalina, de donde emergen escenas musicales no comerciales y corrientes sociales anarquistas.

Yo detestaba aquel tianguis y, como consecuencia, odiaba el sábado más que cualquier otro día. Aprendí a contar los días en función de eso. Mi día favorito era el domingo, porque después de él aún faltaban cinco días para el siguiente sábado. El problema no era el Chopo, era lo que sucedía después de que levantaban los puestos del tianguis y abrían las cantinas.

Cada sábado, sin excepción, mi mamá tomaba hasta caer; se abandonaba mientras yo lloraba a todo pulmón y le suplicaba que nos fuéramos, pero no teníamos a dónde ir, porque no teníamos casa.

Además, me dijeron que el DIF se llevaba a los niños sin casa, por lo que vivía aterrorizada de que me encontraran. Recién llegadas a la ciudad, con un poco de dinero, nos hospedamos en buenos hoteles, pero el dinero se terminó y nos mudamos a hoteles de mala muerte.

No teníamos más que una prenda de ropa. En la noche, la lavábamos en la regadera y la tendíamos sobre la tele o alguna ventana para que se secara. Mi mamá hacía traducciones para la revista *Conecte,* pero el dinero no alcanzaba. Con el pretexto de que no tenía con quién dejarme, no buscaba otro empleo. En menos de un año nos volvimos indigentes.

Pasábamos el día *taloneando*, así se dice de forma rockera a lo que en realidad es pedir limosna. No nos sentábamos en el suelo pidiendo caridad, íbamos caminando. Mi mamá se acercaba a la gente y platicaba. Era una mujer elocuente y persuasiva. No mentía, era verdad que no teníamos casa ni comida.

A veces las cosas se ponían difíciles y solo podíamos reunir dinero suficiente para pagar la habitación de hotel. Entonces íbamos de casa en casa pidiendo comida. La oración que decía mi madre era más o menos así: "Hola, buenas tardes. Somos de Tampico, su papá murió en el terremoto, no tenemos familia, ni casa. ¿Tendrán algo de comer que les sobre?".

Durante años visitamos cientos de casas, comimos las sobras de muchas familias. La gente no siempre abría la puerta, era una gran alegría cuando nos decían: "Ahora vuelvo". Esperábamos con emoción sin saber qué nos darían, podría ser una fruta, una sopa o algo extraordinario como unas quesadillas.

Casi cuarenta años después recuerdo mi sonrisa frente al plato. Me duele pensar en eso, pero siendo justa, en ese momento yo no la pasaba mal. Cada día era una aventura. Había días de suerte, donde alguien nos daba un billete grande y podíamos entrar temprano al hotel. Sentir la seguridad de tener donde dormir era nuestra mayor victoria. Entonces mi mamá se ponía de buen humor y me dejaba brincar en la cama, dibujábamos, me hacía peinados o jugábamos con las manos.

Los sábados de Chopo dormíamos donde cayera la noche. Por lo general, compartíamos un cuarto de hotel con varios de la banda, ya que muchos de ellos, al igual que nosotras, no tenían casa. Entre todos se hacía *la vaca* para juntar para un cuarto. Hubo noches muy duras en las que mi madre se emborrachaba y perdíamos el rumbo de los demás, en esas ocasiones nos tocaba dormir en la calle.

La calle es muy cruel, sobre todo cuando la noche la cubre. El tiempo transcurre de una manera muy diferente para el que duerme a la intemperie, los segundos se sienten como horas. En la calle no se descansa, la muerte te respira en la nuca. En la calle ocurren las peores cosas; yo sentía el peligro y abrazaba a mi madre, quien, completamente borracha, no se daba cuenta de nada, y yo no dormía porque tenía que cuidar de ella y de mí.

¿Cómo podía transformarse de aquella manera? ¿Por qué dejaba de quererme, por qué no le importaban mis lágrimas? Al contrario, me regañaba y me hacía sentir culpable por portarme mal.

Mi madre me arrastraba sin piedad a su locura, pero dentro de toda esa oscuridad, yo aún podía ver su luz. Solo necesitaba esperar que un rayo de sol le devolviera la cordura. De día siempre fue amable, solo había que esperar a que se pusiera de pie y volviéramos a ser nosotras dos, sin ese diablo que me la arrebataba. Ese horrible lagarto que la poseía y le pedía que bebiera... ese demonio.

Fue un amor terrible y hermoso, porque dentro de aquel desastre hizo algo muy bueno: me adoró. Nadie en este mundo me ha amado tanto como ella. Se sentía orgullosa de mí; me decía que yo era la más inteligente, la más bonita, su princesa, que haría cosas extraordinarias con mi vida. "Choshu, mi Lelenita, mi amor, eres lo mejor de mi vida".

Me despertaba con besos, me hacía reír, dibujábamos, fue mi adoración; nos faltó todo en la vida, menos amor.

Dice Marianne Williamson que el amor para las personas es igual que el agua para las plantas. Me dio el amor suficiente, tanto que pude crecer como una flor, de esas que se abren paso entre el concreto. Y ese amor es lo que hoy me tiene aquí, contando esta historia.

Los homenajes

Los primeros homenajes que le hicieron a mi padre se realizaron sobre el edificio colapsado. Un año después del terremoto, los escombros seguían intactos y tuvimos que escalar sobre el sándwich de ocho pisos para llegar a la cima del derrumbe. Mi mamá puso un altar con una foto, veladoras y flores.

Al caer el sol llegaron sus amigos, Paco Acevedo, Fausto Arrellín y decenas de seguidores con guitarras acústicas. Tocaron todo el repertorio de mi padre. Cuando llegó la noche, prendieron una fogata y se sentaron alrededor, compartieron botellas de mezcal y caguamas. Un grafitero hizo una pinta de mi padre. No faltó quien se cayera entre los escombros y se descalabrara, pero se levantaba y lleno de sangre seguía bailando.

Eran felices sobre aquel cementerio, en el museo de la pérdida, la pérdida del hogar, la pérdida de la vida y de la conciencia. Cantaban una y otra vez: "No tengo tiempo de cambiar mi vida".

Esa noche del 19 de septiembre de 1986, a mis siete años, logré dormir entre canciones, acurrucada junto a la fogata, tapada con las chamarras que me ponían encima. Me dormí sobre el techo que le quitó la vida a mi padre, entre muebles rotos, bloques de cemento, piedras y varillas. Sobre miles de lágrimas, sobre el último suspiro de decenas de personas. Me quedé dormida, profundamente dormida, rodeada de fantasmas y de ángeles.

Fotos del abandono

Como si estuviera en la orilla del mar, algunos recuerdos llegan como olas, olas grandes y oscuras. Recuerdo alfombras sucias, asfaltos y mosaicos donde clavaba la mirada. Recuerdo cómo mi llanto emborronaba los pisos. Lloraba hasta dormirme en el suelo, detrás de una puerta cerrada por mi madre. Tenía la maldita costumbre de dejarme en casas de extraños. Una noche, una semana, un mes.

No sé cuánto tiempo pasaba, era eterno. En ocasiones me dejaba con gente mala y es ahí donde recuerdo el piso. Una vez me dejó días con una pareja que peleaba, se drogaba y cogía. La alfombra de ese piso era roja. En otra ocasión me llevó a Jalapa con un tío. La casa era hermosa, tenía plantas y pasillos grandes y, sin más, mi mamá se fue, me dejó ahí muchos días, lloré aterrada abrazando su foto y aferrándome a una de sus pulseras de latón.

Aunque siempre volvió por mí, esos abandonos temporales me causaron una tremenda inseguridad. Ahora, cuando alguien que amo cierra la puerta, cuando alguien se va de mí, se va de mi vida, todos esos pisos, puertas y alfombras se atoran en mi garganta. No puedo respirar y me quiero morir.

La tristeza es salada y tibia como el mar, ese mar sale de mis ojos. Las lágrimas saben a esa ola, llevo adentro de mí infinitas olas que no se calman. Los atardeceres también nacen ahí.

Margarita Berruecos

El primer disco de mi padre salió cuando cumplí ocho años, y con las regalías se pagó mi inscripción en el colegio Margarita Berruecos, en la colonia San Pedro de los Pinos. En la escuela había tres servicios: primaria, medio internado e internado. En el internado, la mayoría de las niñas eran huérfanas. Mi mamá me inscribió en el medio internado, donde salía a las cinco de la tarde después de haber comido y haber terminado la tarea.

El plantel escolar era espacioso, con un patio grande y dos pisos. En la planta baja estaban los salones de clases, mientras que en el segundo piso se encontraban los dormitorios donde solíamos hacer la tarea.

Recuerdo clavar la mirada en el techo y buscar figuras en el salitre de las paredes, porque no soportaba ver las literas alineadas cubiertas con cobijas deshilachadas color café. Me aterrorizaba pensar que algún día mi madre simplemente no volviera y yo pudiera ocupar una de esas camas. Nunca he visto una habitación más triste que aquellos dormitorios.

En ese lugar empecé a tener mis primeras crisis de ansiedad. Temblaba y lloraba, y a nadie le importaba. No recuerdo un solo acto de amabilidad ni de ternura por parte de las monjas. Al contrario, eran malas. Comían sopes con cocacolas heladas frente a nosotras, mientras tomábamos leche caliente con azúcar a las dos de la tarde y comíamos una horrible sopa de habas. Una niña me advirtió: "No hagas muecas o te sirven más".

Mi medio hermano

Orar era una casa para mí. Una casa que tenía que construir diariamente para refugiarme. Una tarde que mi madre se retrasó para recogerme en la escuela, me volví loca y le pregunté a una de las monjas cómo rezar para que mi madre volviera. Ella me respondió: "Dios tiene otras cosas que hacer". Me enojé mucho con ella; sin embargo, continué rezando. Nadie me quitaría la única de mis propiedades, la oración.

La primera vez que entré a una iglesia fue en el funeral de mi padre. El cura me dijo: "Dios te escucha siempre". Cada día le pedía que no muriera mi mamá, que nada malo le sucediera. El amor que sentía por Dios me ayudaba a continuar. Le pedía a mi mamá que ella también rezara. Ella sonreía, no entendía de dónde sacaba esa fe.

En esa época, mi madre conoció a un señor llamado Patricio, era un hombre muy alto y bien vestido. Parecía una buena persona, pero resultó ser un jugador de póker adicto a la cocaína. Estuvieron juntos unos meses, vivimos un breve tiempo en su departamento, en la colonia San Miguel Chapultepec, era como un casino de mala muerte. Mi madre quedó embarazada de ese sujeto. La recuerdo contenta, dijo que era una bendición, no le importaba que no tuviéramos casa ni dinero. Vivía en una extraña ficción. Me decía que era bueno que yo tuviera compañía. Estaba contenta, y yo también lo estaba.

No obstante, mi madre y Patricio se pelearon, por lo que dejamos de vivir en su casa y nos mudamos a un cuarto de azotea en un edificio en Copilco que nos prestó un fan de mi papá. Era un espacio muy pequeño, pero tenía una cama y una televisión a blanco y negro. Adoraba vivir en la azotea y jugar en las jaulas de la ropa. La vida me dio una tregua durante esos meses, porque mi madre estuvo sobria y pude asistir a la escuela regularmente. Aprendí a leer y escribir, era buena estudiante.

No recuerdo quién me regaló un par de vestidos, me sentía tan afortunada que no quería usarlos para que no se gastaran. Los colgué en la pared como si se trataran de un cuadro. La panza de mi madre crecía rápidamente con mi hermano Luis dentro. Pensé que todo estaría bien, pero solo era el ojo del huracán.

Poco después de que nació Luis nos corrieron del cuarto de azotea y dejé la escuela. Mi mamá, al hallarse otra vez en la calle, teniendo que cuidar de un bebé y una hija de ocho años, se deprimió y recayó en el alcohol. Esta vez con mayor intensidad.

Bebía con una compulsión diabólica, dejándome completamente a cargo de los dos. Fueron días llenos de desesperación y noches muy largas. Cuidar de una mujer y de un bebé a mis ocho años me parecía extenuante y tan triste, una tristeza que me resulta difícil retratar. No tenía ilusiones ni sueños, solo esperanza de que permaneciéramos a salvo al caer la noche. Algunas personas se conmovían con nuestra situación y nos ofrecían posada, pero mi madre lo hacía imposible. Yo le suplicaba que se portara bien, pero siempre lo arruinaba.

Hubo un tiempo en que vivimos en un convento en Coyoacán, un lugar hermoso. Nos asignaron una habitación frente a un jardín. Pero un día mi mamá llegó ebria y asustó a las monjas. Nos echaron. Lo mismo ocurrió en el Ejército de Salvación, donde permanecimos varias semanas hasta que una noche volvió embriagada y nos expulsaron de nuevo. Nos corrían de todos lados por lo mismo. Incluso con Lurdes sucedió igual.

Conocimos a Lurdes en el tianguis del Chopo, tenía un bebé y nos dio chance de vivir en su casa. Era igual de reventada que mi mamá. Todo iba bien hasta que una noche se pelearon. Ambas estaban ebrias. Lurdes nos echó de su casa en plena madrugada. Recuerdo que caminamos unas cuadras, mi mamá tambaleándose y yo cargando al bebé por las calles de Neza. De pronto, mi mamá se detuvo, me dijo que la esperara en la esquina, giró y se echó a correr. La oscuridad se la tragó.

Los minutos se sintieron eternos, la ansiedad me devoraba. No sabía en qué se había metido y me mataba no poder ayudarla. En este punto de la vida, más que una niña, era un perro guardián. La incertidumbre me enloqueció, así que tomé una decisión: escondí a mi hermano entre dos botes de basura mientras dormía, lo cubrí por completo con su cobija y puse arriba unos cartones. Lo dejé solito, en las calles de Neza, y corrí a buscar a mi madre. La encontré, un poco más calmada, hablando con Lurdes, me tranquilicé y regresé corriendo a ver a mi hermano. Lo saqué del escondite y lo cargué. Luis siempre fue muy grande, apenas si podía con él, regresé a donde se encontraba mi madre, para entonces ya se había reconciliado con Lurdes.

Puse a mi hermano en la cama. Mi mamá cayó dormida un poco después. Lurdes también se durmió, así que aproveché la calma para subir a la azotea y me tiré a ver el cielo. Recuerdo que me sentí orgullosa de mi maniobra. Nada me daba más paz que saber que mi mamá dormía, porque dormida no podía meterse en problemas.

(1)

Ir por las calles con los dedos marcados
de cargar bolsas de plástico.
Manos de niña que no tiene juguetes.
Manos que escriben a falta de cuentos.
Manos que aceptan comida de extraños.
Manos que levantan a su hermano del piso.

Manos que sostienen a su madre ebria.
Manos que dan una mamila,
que esconden una botella de ron.
Manos pequeñas, casi diminutas
que se secan los ojos de llanto.

Llanto y manos,
no tengo nada más.
No tengo cuerpo.

No me han crecido
las manos tanto.
El llanto
no para de crecer.

La noche más oscura

Mi hermano aprendió a caminar a los dos años y siempre se escapaba a gran velocidad. Era como un maldito correcaminos, todo el tiempo se me perdía, lo cual era muy agobiante para mí, ya que pasaba la mayor parte del tiempo corriendo detrás de él. Mientras tanto, mi mamá aprovechaba para escapar también, confiando en que yo siempre la encontraría.

Esa noche yo tenía diez años. Esa noche, esa horrible noche, esa noche es el filo de una navaja que aún siento en la yugular. Esa noche se me sigue apareciendo como un manto que cae sobre las noches del presente. La tristeza la invoca y retorna para decirme que no valemos nada, que Dios no existe.

Fue un sábado del Chopo. Todo lo malo siempre ocurría los sábados del Chopo. Esos días mi mamá se transformaba. El alcohol le daba una extraña fuerza, un poder destructor que daba la impresión de que era capaz de romper una pared y levantar un auto de proponérselo. De un momento a otro, esa energía se le salía del cuerpo, se apagaba y la arrojaba al piso, quedando desposeída, incapaz de caminar o articular una palabra.

Aquel día, cuando la oscuridad se adueñó del cielo, también quiso nuestra alma y supimos que era la maldad, y la maldad adora la noche.

Por ir detrás de mi hermano perdí a mi madre de vista, y para cuando encontré a Luis, mi madre no estaba. Habían levantado los puestos del tianguis y las cervecerías estaban cerradas. Fueron horas horribles. Mi hermano y yo llorábamos y gritábamos el nombre de mi mamá... Mireya... Mireya.

Caminamos por las calles de la Guerrero por horas, buscamos por todas las cantinas... hasta que escuchamos sus gritos que venían de un callejón, corrimos al oírla. La encontramos rodeada de un grupo de gente. "¡Me violaron! ¡Me violaron!", gritaba. Sus ojos estaban hinchados del llanto, tenía los labios llenos de costras.

Yo no sabía qué era una violación, ni siquiera sabía qué era el sexo. Pero entendí que tenía que ser algo terrible porque jamás había visto a mi madre así. Aún escucho sus gritos y veo sus ojos. Esa noche extendió su sombra sobre mi vida.

Hasta cierto punto sentí que aquello tan horrible había sido culpa mía, porque no supe cuidarla, y me odié a mí misma durante muchos años.

Asumí el papel de protectora, tanto de ella como de su hijo. Lo hice con todo mi amor, porque si yo no los cuidaba, nadie lo haría. Pero aquella noche fallé y sentí que había fracasado para siempre.

Lo siguiente que recuerdo es el llanto prolongado de mi madre durante días y noches. Recuerdo una noche que tomamos el metro sin rumbo fijo, subiendo y bajando escaleras eléctricas, mientras mi madre nos sostenía de la mano.

Después de recorrer las líneas del metro durante horas, mi mamá tomó una decisión: nos dirigimos a las instalaciones del periódico *La Jornada*.

En la puerta del periódico nos abrazó y me dijo: "Te amo, Coshu, eres lo mejor que me pasó en la vida, perdóname, te amo. Ve, sube las escaleras y di que eres la hija de Rockdrigo".

Sentí algo horrible en el pecho. Nos estaba abandonando. La abracé y le supliqué que no nos dejara. Lloré muy fuerte. Ese momento quedó marcado como el más triste de mi existencia.

Mi madre estaba decidida a quitarse la vida esa noche, lo supe después. Mi llanto la detuvo y también alertó a los policías, quienes llegaron y nos socorrieron. Mi madre les contó lo que había pasado, entramos al periódico y nos dieron té.

La gente de *La Jornada* contactó a una asociación llamada Kollontai. Unas mujeres hermosas llegaron a hablar con mi mamá y, al enterarse de nuestra historia, nos acogieron y nos permitieron vivir en el interior de la casa donde tenían sus oficinas. A cambio, mi madre se encargó de la recepción. Pasamos un tiempo muy dulce allí, teníamos una hermosa habitación y un patio. Mi madre se recuperó, pero no aprendió nada.

Meses después volvió al Chopo. ¿Cómo era posible? Pues lo fue. Nos corrieron. Y otra vez terminamos en la calle. Además de cargar a mi mamá y a mi hermano, se añadió un peso extra: estaba traumatizada.

Todo lo que había pasado rompió mi espíritu, tenía más miedo que nunca. Miedo a que algo nos pasara, a no cuidar bien de mi mamá y que la volvieran a violar, miedo de que se robaran a mi hermano. Tenía nueve años cuando mi inocencia se acabó. Descubrí que había depredadores, que teníamos que escapar, y me sentía tan sola.

Volvimos a los cuartos de hotel. En ocasiones, cuando compartíamos el cuarto con otra gente y mi mamá caía colapsada por el alcohol, yo no podía conciliar el sueño porque sabía que los hombres podían ser peligrosos y, en efecto, algunos se acercaban a mi mamá de maneras inapropiadas. Estoy segura de que esto pasaba antes, pero yo no estaba alerta. Muchas veces logré salvarla y definitivamente me salvé a mí misma también, pero por muchos años no pude dormir en las noches.

¿De quién son los hijos sin padres?
¿Quién nos cuida en la noche?
¿Quién nos da fuerza? ¿Por qué seguimos aquí?
¿Quién nos ama?
¿Quién elige qué seres humanos tendrán infancia y quiénes no?

He pasado más tiempo llorando que dormida.
Mira, mira, mis ojos son tan delgados.
Mis ojos tienen grietas, y por esas grietas se filtra la luz.
¿Como el relámpago?

Sí... es tan bella la oscuridad cuando se rompe en un
[relámpago.
¿Te das cuenta?
No tenemos techo, pero tenemos cielo.

Gabriela o la primera vez que me rompieron el corazón

Era tan hermosa, su cabello café claro olía a champú de manzanilla. Vestía una chamarra roja brillante y acolchada que parecía una nube. Su sonrisa era simplemente perfecta. Gabriela era la hija de Cristina, una amiga de mi madre de Tampico. Ella y Cristina habían sido amigas desde su juventud; ambas estudiaron para ser maestras, pero Cristina siguió el camino correcto y le había ido muy bien en la vida.

Vivían en una casa enorme y hermosa en Chapingo. Quedé fascinada por las paredes blancas y los tragaluces por donde se asomaban algunos árboles. En la cocina había mucha comida deliciosa. Nunca había visto una despensa tan repleta. El cuarto de Gabriela parecía sacado de un cuento de hadas, con una cama de princesa cubierta de velos y una multitud de muñecas.

Gabriela lo tenía todo. Además, era divertida y nos llevamos muy bien. Un día salimos a dar un paseo. Hacía frío, así que me prestó su chamarra. Recuerdo el aroma de la tela: fresco, floral, lleno de felicidad. Al ver mi fascinación Gabriela decidió regalármela.

Ese día nos sorprendió una granizada y corrimos de regreso esquivando las pelotas de hielo, riendo a carcajadas por la aventura. Fueron mis primeras risas de niña. Gabriela se convirtió en mi adoración.

"¿Cuándo vamos a ver a Gabriela?", le preguntaba a mi madre a diario. Una vez al mes, ella me llevaba a Chapingo. Siempre llegábamos sin avisar, con nuestras bolsas de plástico llenas de ropa sucia, y nos instalábamos por días, hasta que Cristina nos pedía que nos fuéramos.

Volver a las calles después de estar en el paraíso era muy duro, pero la esperanza de volver me daba fuerza. Ir a ver a Gabriela era como una luz en medio de la oscuridad. Todos mis pensamientos giraban en torno a ella. Les platicaba de ella a los hijos de los artesanos con los que se juntaba mi mamá, niños harapientos como yo, a quienes fascinaba con las historias sobre Gabriela.

Eran niños buenos, especialmente una niña de la que no recuerdo el nombre. La pequeña niña, hija de los vendedores del tianguis, tenía el suéter roto y un corazón noble. Cada sábado me preguntaba si había visto a Gabriela y yo contaba historias inventadas sobre ella y las cosas maravillosas que tenía.

Sin embargo, Gabriela no me quería mucho. En realidad, todo el tiempo presumía de sus otras amigas y lo increíbles que eran. A veces tenía malas ideas, como cuando quemamos el pasto seco de un vecino. Si

Gabriela tenía una mala idea, yo la apoyaba y la superaba. Hubiera hecho cualquier cosa que ella me pidiera.

La última vez que la vi fue en su cumpleaños. Como era nuestra costumbre, llegamos sin avisar. El viaje desde la Ciudad de México a Chapingo fue largo y agotador, y no sabíamos que habría una fiesta.

Cuando llegamos, mi corazón se llenó de emoción al ver la casa decorada con globos y serpentinas, y un pastel de cuatro pisos en la mesa. También había muchas niñas de la escuela de Gabriela; pensé que era una feliz coincidencia, pero la mirada de Gabriela me estremeció, en sus ojos había odio. No disimuló su molestia, me volteó la cara y se fue con sus amigas.

Cristina nos indicó que saliéramos al jardín; el sonido de los grillos era horrible. Ahí nos pidió que nos marcháramos, que no podía alojarnos ese día. "No tenemos a dónde ir", expresó mi madre. "No es problema mío. No pueden aparecer sin previo aviso. Gabriela está con sus amigas y no las queremos aquí", respondió Cristina.

Sus palabras me acribillaron. Antes de salir, Cristina me dio un pequeño pastelito, era rosa y tenía un dibujo de un unicornio. "Para el camino", me dijo. Lo tomé y lo guardé en el bolso de la chamarra, la misma que me había regalado Gabriela, que ya estaba sucia y olía a hoteles baratos y a tristeza.

Esa noche no teníamos dónde dormir. En el camión de regreso lloré mucho y le pregunté a mi mamá qué había hecho mal. Mi mamá lloraba también. "No hiciste nada malo, somos pobres y eso no le gusta a la gente", me respondió. Odiaba no tener nada que ofrecerle. Metí la mano en la chamarra y apreté el pastelito con fuerza hasta que se desmoronó.

El sábado siguiente, la niña de la que no recuerdo el nombre me preguntó por Gabriela. No le dije la verdad; ella, como yo, necesitaba creer en las historias de amor. Le conté que había sido su cumpleaños, que comimos pastel y fuimos a nadar. Después me puse a llorar cuando le dije que se iría de viaje y ya no la volvería ver.

Comíamos lo que nos daban.

Tacos de aguacate con queso, atole de maicena. La bolsita del desayuno del DIF contenía una lechita y una palanqueta. Comimos muchos tacos, 5 por $1 peso. Esquites con patitas de pollo. Huevos revueltos con frijoles en la Popular. Solo quien ha tenido hambre sabe qué alegría tan desbordante se siente estar frente a un plato de comida caliente. Es como si el cielo sonriera. Aún conservo cada sabor en el paladar, porque a veces no comíamos.

El estómago en cuenco que carga la tristeza del mundo: el hambre.

19 siempre

Los homenajes continuaban celebrándose en la esquina de Bruselas y Liverpool. Cada 19 de septiembre, año tras año, se quitaba una capa de escombros, y la tarea de ascender aquella montaña de cemento se volvía más fácil. El mural con el dibujo de mi padre se alejaba cada vez más de nuestra vista.

Al escalar, sentía cómo la dificultad física disminuía, pero la carga emocional se volvía más pesada. Era agotador escuchar las mismas canciones una y otra vez y ver cómo todos se embriagaban.

Mi fantasía era que, una vez removidos todos los escombros, los homenajes también llegaran a su fin. Así que cuando llegamos a aquel 19 de septiembre de 1990 y vi que no quedaba nada, experimenté una sensación de alivio. Nos dijeron que planeaban construir un estacionamiento y ponerle unas bardas. Cuando el estacionamiento fue terminado, mi mamá continuó con homenajes en el camellón de enfrente.

Las canciones

Voy a intentar una tonada
que se parezca a Pink Floyd.
Una dulce carcajada
ahogada en humo y alcohol.
Lo que pasa es que es
solo un mal rocanrolero.
Él es solo un mal rocanrolero,
con las palabras amontonadas,
ebrias, locas.
Él no respira, fuma.
Él no come, bebe.
Él no vive, muere.
A esa gran velocidad
un impacto sería fatal.
EL HARAGÁN Y COMPAÑÍA

Los ángeles también toman forma de canciones. Aletean en palabras. Cantar es montar el milagro y amplificarlo. Las canciones de mi padre siempre estaban presentes. Recuerdo estar sentada en las esquinas de los bares, imaginando las historias que narraban, mientras los adultos se ponían hasta las trancas.

Mi mamá consiguió unos discos de mi padre a consignación para venderlos en el Chopo. Le fue tan bien que pudo comprar una grabadora y ampliar el catálogo. Fue así como descubrí la música de El Personal de Guadalajara, Cecilia Toussaint, El Trolebús, El Haragán y Compañía, Nina Galindo, Armando Rosas y Arturo Meza. Canciones que transportan poesía urbana.

Las canciones fueron mi introducción al mundo de los cuentos. Escuchaba los casetes una y otra vez hasta que se desgastaban, especialmente *Arpía* de Cecilia Toussaint, el cual llegué a memorizar de principio a fin.

En esa época conocimos a Luis Álvarez, conocido como "El Haragán". Luis tendría en ese entonces alrededor de veintitrés años, era un admirador de mi papá y tenía un corazón amable y generoso. Nos permitía quedarnos en su casa, nos invitaba a comer, nos integró en su vida como si fuéramos de su familia. Subíamos a su van y lo acompañábamos a sus tocadas, las cuales eran muchas, a veces dos o tres por día. Se realizaban en bodegas y terrenos baldíos en las afueras de la Ciudad de México. Íbamos rodando por Neza, Ecatepec, Cuautitlán, Tlalnepantla y La Paz, así como por todos los alrededores de la ciudad.

El rock urbano era un género que subsistía fuera del ámbito comercial y carecía de difusión en la televisión o la radio. En ese entonces, la gente se enteraba de las tocadas principalmente a través de las bardas pintadas y la distribución manual de volantes en el Chopo.

El Haragán estaba promocionando su primer disco, era una estrella ascendiendo velozmente. Luis tenía algo especial. Mi mamá solía decir que él ocupaba el lugar de mi papá en la música. Yo lo adoraba porque era amable, tierno, y eso no era nada común para mí. Cuando tocaba, me paraba a su lado en el escenario y siempre me dedicaba canciones.

Su música me enseñó que detrás de las cosas más duras hay historias que contar, y ese acto ilumina la tragedia. Las canciones fueron mis educadores, mis refugios, mis ángeles.

"Llévatelo"

Lo poco que sabía de mi abuela materna eran algunas palabras llenas de dolor y rencor que mi madre compartía conmigo. Nunca pudo perdonar que sus padres la hubieran abandonado. "Mi mamá no me quiere", me repetía una y otra vez. "Si me hubiera querido, nunca me habría dejado con mis abuelos". "Me regaló, me dejó como si yo fuera una basura".

Ese sábado en el Chopo, en la explanada, frente a los ferrocarriles, tuvimos un encuentro que nunca habíamos imaginado. Amalia, mi abuela materna, acompañada por algunos de los hermanos de mi mamá, fue a buscarnos. Los ojos de mi abuela se llenaron de dulzura al ver a mi madre. Mi mamá seria, pero claramente conmovida, abrazó a su madre y a sus hermanos. Ella era la mayor de catorce hermanos.

Cualquiera que nos mirara vería nuestra pobreza. Sabían, sin necesidad de palabras, que mi madre no poseía ni la fuerza ni la claridad mental para cuidar de un niño. Una de sus hermanas se encariñó instantáneamente de mi medio hermano, quien en ese entonces tenía tres años y estaba precioso. No recuerdo exactamente qué palabras usaron para pedir a Luis, pero sí la respuesta de mi madre: "Llévatelo". Mi tía cargó a mi pequeño hermano, quien sin llorar se fue con ella, siguiéndonos con la mirada.

Sentí una profunda tristeza, pero también alivio. Yo solo tenía once años, y la carga de cuidar a un niño y a una mujer era abrumadora. Sabía que Luis estaría mejor, tendría comida y techo, y no correría peligro.

Nunca imaginé el daño emocional que se generó en mi medio hermano en aquel momento. La misma grieta en la que mi madre vivió, y que la atormentó toda su vida. Porque lo dejó ir, como un día la dejaron ir a ella.

Pintura de uñas

Nosotras seguimos viviendo igual, yendo a conciertos los fines de semana y taloneando en la semana. Sin la tensión de cuidar a mi hermano, todo fue más fácil. En una de las tantas tocadas a las que íbamos conocí a mi primera amiga. Me deslumbró su ropa de colores, era muy bonita. Recuerdo que le gustaba la ropa de colores fosforescentes y que tenía las uñas muy largas.

Susana tenía veinte años y yo doce, pero eso no importaba. Yo era bastante madura para mi edad. La música nos unía. Ella trabajaba arreglando estufas, y todo lo que ganaba se lo gastaba en conciertos. Muchas veces me invitó a dormir a su casa. No recuerdo exactamente dónde vivía, pero sé que había que atravesar una milpa.

Susana era de una familia muy humilde. El baño estaba en el exterior de su casa y para bañarnos teníamos que cargar cubetas con agua. Me encantaba estar con ella; aprendí a pintarme las uñas y a cortarme el fleco.

En aquel entonces mi mamá consiguió hacerse cargo de la administración de un edificio en el centro, ubicado en la calle Bucareli. Se trataba de una propiedad antigua de dos pisos, con habitaciones y algunos departamentos desocupados. Después de vivir en la azotea de Copilco, no habíamos tenido casa durante cuatro años. El acuerdo era que no tendríamos que pagar renta a cambio de que mi mamá lograra alquilar las habitaciones. Como era de esperarse, pronto el departamento de Bucareli se volvió un antro de perdición, pero también cayeron buenas personas.

Choluis, un cantante de trolebús, rentó uno de los departamentos y poco después invitó a su gran amigo Enrique, mejor conocido como "Pato", a quien yo llamo cariñosamente "tío Pato"; el Pato cambió el rumbo de mi vida.

Pato es guitarrista y era diferente a todo lo que yo conocía. Era encantador y no tenía la sombra del alcohol sobre él. Se vestía increíble: pantalones holgados, sombrero, botas Dr. Martens... Me daba chance de sentarme en la esquina de su departamento mientras diseñaba la escenografía para la presentación del disco *El silencio* de Caifanes, mientras me hablaba de la vida y sobre su grupo: la Maldita Vecindad.

Bucareli

Mi único deseo era tener un gato, y ese momento era propicio porque teníamos una casa estable. Mi mamá estuvo de acuerdo con la idea. Me propuse encontrar uno, así que busqué por los alrededores y descubrí una biblioteca ubicada cerca del metro Balderas.

En la planta baja había un espacio para niños donde daban un taller gratuito de manualidades; sin dudarlo me inscribí. Hacer dibujos con sopa de pasta me pareció muy aburrido, pero sentarme a leer me fascinó. Regresé al otro día y casi a diario. La biblioteca me daba un respiro. Me gustaba mezclarme con los demás niños e imaginar que pensaban que yo era una niña normal. La biblioteca olía muy bien. Odiaba la nube de humo que no se desintegraba dentro de Bucareli, y ese ir y venir de borrachos.

Caminaba diariamente por todos los alrededores. Conozco de memoria cada calle y comercio: el café La Habana, el Reloj Chino, el Salón Premier, el bar de los marcianos. Vivíamos junto a unas imprentas de revistas y periódicos. Cada día nos despertaba, a las cuatro de la mañana, el sonido de los bultos de periódicos al caer al piso. Desde temprano me largaba a pasear mientras mi madre dormía.

En uno de mis paseos me encontré con una gata junto a un puesto de tacos. Estaba dentro de una caja, recién había dado a luz a una camada de gatitos, así que decidí llevarla a casa junto con sus ocho crías. Mi mamá me dijo que no podríamos mantener a tantos gatos. Entonces, le prometí que buscaría trabajo para mantenerlos. Ella me dijo que sería difícil, pero que yo podía lograrlo todo.

Recordé que una de las inquilinas en Bucareli me había dicho que vendía palillos. Toqué su puerta y le pedí que me explicara todo sobre el negocio de los palillos. Me contó que la mayoría de los taqueros prefiere comprar palillos a vendedores ambulantes que hacer la chamba de ir a comprar a la central de abasto. Su trabajo consistía en ir a la central, comprar una caja de un kilo de palillos y frasquitos de plásticos para meterlos, y pegarles etiquetas. Después se daba a la tarea de buscar puestos de tacos y ofrecerles los palillos a los taqueros.

Así fue como me volví vendedora de palillos. Mi mamá me dio permiso siempre y cuando estuviera acompañada de la vecina. Era un formalismo, porque yo andaba sola la mayor parte del tiempo. Trabajar me encantó. Me sentía poderosa de ganar dinero y no pedir limosna, ser capaz de mantener a la camada.

Al regresar del trabajo, noté que faltaban tres gatitos. Los busqué por todas partes, pero alguien me dijo que la gata se los había llevado. Vigilé a los gatos restantes, y vi a la gata volver y llevarse a los demás michis sujetándolos por la nuca. Con el corazón roto, dejé que se los llevara. Entendía que la gata era buena madre y tenía razón: ese no era un buen lugar para sus hijos.

En el edificio había fiestas constantemente y no toda la gente era de fiar. Una vez, al regresar de casa de Susana, encontré hilos de sangre y mechones de cabello en la escalera. Mi corazón latía más fuerte que nunca mientras subía los escalones, esquivando trozos de vidrio y tratando de no pisar la sangre. Temí lo peor: que mi madre estuviera muerta.

La encontré dormida. Corrí hacia ella y la abracé. Ella se incorporó y me dijo: "No sabes, Lalena, ayer se armó un desmadre en la fiesta, una pelea y luego se robaron la tele de Choluis".

Por eso no detuve a la gata. La comprendí y deseé que alguien me tomara de la nuca y me sacara de ese lugar.

Azul casi morado

> "Que la música salve por lo menos el resto de la noche, y cumpla a fondo una de sus peores misiones, la de ponernos un buen biombo delante del espejo, borrarnos del mapa durante un par de horas".
>
> JULIO CORTÁZAR, *El perseguidor*

In memoriam a
Eulalio Cervantes (Sax) 1968/ 2021

Las horas de conversación que Pato me regalaba eran lo mejor de mis días. Estaba siempre pendiente de la puerta y, cuando lo veía entrar, inmediatamente le tocaba. Era increíble conmigo, a veces me traía pan dulce del café de chinos. Pato también era admirador de mi papá. Me hablaba como si yo fuera una amiga adulta, me explicaba muchas cosas. Me ponía música de Mano Negra y un día me invitó a ver a la Maldita Vecindad.

Ese concierto, al cual fui con Choluis, revolucionó mi mente. Simplemente no podía creer lo que estaba viendo: la fusión de estilos musicales, la puesta en escena, la manera en que se movían por el escenario. El Sax tocando con dos saxofones, Roco bailando y esas letras, esas letras perfectas, tremendas, geniales. Me obsesioné tanto con la Maldita Vecindad que le pedí a Pato un disco, el cual analicé completamente. Mi canción favorita era "El circo"; las calles y los vendedores ambulantes nunca más fueron lo mismo, eran parte del circo.

En otro concierto, detrás del escenario, unas chicas fans de la Maldita se me acercaron, ya que habían visto que yo estaba con Pato. Me preguntaron dónde vivía y cuando les dije que vivía en el edificio de Pato, se emocionaron y me preguntaron si quería ser parte del club de fans de la Maldita. "¡Claro!", respondí. Fui feliz cuando se presentaron en mi casa. Acababa de cumplir trece años, pensé que eran mis amigas. Claro que no, solo eran unas feroces groupies que querían estar cerca de los Malditos.

Esto no le gustó mucho a Pato. Empecé a aparecer en los conciertos sin avisar y le pedía boletos. Pasé de ser una niña con la que platicaba a una más de sus fans, influenciada por estas chicas cocodrilo que querían ser sus novias. Sé que fui molesta y que me tenía más paciencia de la que yo merecía. Todos eran gentiles y cariñosos: Roco, muy tierno; al Sax lo recuerdo deslumbrante, rodeado de una luz calcinante, fue muy dulce conmigo. Siempre que me encontraba, me preguntaba si tenía forma de volver a casa y si no tenía, buscaba un raite para mí. Fue alguien importante en diferentes etapas de mi vida.

Fue Sax quien me puso por primera vez en un escenario. Él me regaló ese momento. Me vio junto a los atriles, tomó mi mano y me sacó a bailar en "Kumbala". Fue un momento eterno. La gentileza y la amabilidad son iluminadoras. Un mínimo gesto puede cimentar un bosque.

A mi querido Pato le debo tanto. Sin ser consciente, me abrió la puerta de un mundo al que jamás habría llegado. Conocí a Los Estrambóticos. Descubrí a Santa Sabina. Mi mamá se encargó de que yo entrara al LUCC y a Rockotitlán. Solo tenía que decir quién era mi padre y todas las puertas se abrían.

Los libros

Aquella noche me daría un sol,
un sol que aún guardo en la bolsa.

Mi mamá lo arruinó de nuevo y nos corrieron de Bucareli. Fue muy duro volver otra vez a las calles. Estuvimos algunos meses de un lado a otro. Talonear ya no era tan fácil como antes, porque yo ya no daba la ternura de una niña chiquita y nos faltaba el bebé en brazos. Después de un día sin suerte, mi mamá me dijo que nos tocaría dormir en la terminal de autobuses. Odiaba cuando sucedía eso.

Rumbo a la terminal, pasamos frente a una calle privada que tenía un pasillo hermoso rodeado de plantas. Le dije a mi madre que entráramos, pero se negó. Yo sentí que algo me llamaba. "Hay que tocar en esta casa y pedir ayuda", le dije a mi mamá. Ella se negó y me dijo que nos apresuráramos antes de que cerrara el metro. Yo insistí: "Hay que tocar, una más, la última".

Finalmente tocamos. Una mujer de edad similar a la de mi madre abrió la puerta. Por lo general, las personas eran hostiles con nosotras, nos hacían muecas, no abrían o nos azotaban la puerta en la cara. Esa vez no fue el caso: aquella mujer sonrió. Escuchó a mi madre mientras me miraba compasivamente. Abrió la puerta de su casa y nos invitó a pasar. Vivía con su marido, nos dieron de cenar y nos dijo que por esa noche podíamos quedarnos en el cuarto de azotea de su casa.

En el cuarto había trastos y muchos, muchos libros. Improvisamos una cama. Mi mamá se durmió de inmediato, yo salí un poco a la azotea a ver el cielo. Esa noche ocurrió un milagro. Al volver al cuarto, en lugar de dormir, tomé uno de los tantos libros. *La hojarasca* de García Márquez me atrapó por completo y no pude dejar de leer. Me sumergí en la narración y seguí leyendo mientras desayunábamos. La señora me vio tan emocionada que me regaló el libro cuando nos fuimos.

Terminé de leerlo y le dije a mi mamá que necesitaba conseguir otro libro urgentemente. No sé cómo lo hizo, pero me regaló uno de leyendas mexicanas. Para cuando lo terminé, estaba obsesionada con todo tipo de historias; no solo las que narraban los libros, sino la vida misma.

Las palabras, pequeños espejos
que encontré en mi camino oscuro.

En ellos me reflejé
Y tras de mí, vi el cielo.
El sol está en las palabras.
Gracias por escribir,
a quien quiera que escriba.

Lo siguiente que recuerdo son más hoteles y más malos momentos, pero ya no estaba sola. Me aferraba a los libros como si fueran un trozo de madera y yo estuviera a la deriva en un océano. Pensaba que mi vida era un libro aún no escrito, donde cada día era una página en blanco. Contemplaba la vida con atención, veía a las personas como personajes potenciales, analizaba su ropa, sus palabras, y todo el que se cruzaba en mi camino me parecía fascinante.

Pasé muchos días escuchando las conversaciones de las prostitutas que vivían en el mismo hotel en el que nos habíamos instalado nosotras; sus vidas llenas de sueños desvanecidos acompañaron mi soledad. Las conocí porque una de ellas era novia de un artesano amigo de mi mamá, y cuando mi madre estaba de fiesta, me dejaban entrar a sus cuartos mientras se maquillaban.

Recuerdo una conversación en la que una de ellas contó que mientras leía un libro vaquero, su cliente hacía lo suyo; en otra ocasión, platicaron de cómo se iniciaron en la prostitución. Las tres ejercían prácticamente desde que eran unas niñas. "Me ponía mis minifaldas, y listo", decía Tomasa con añoranza, porque se sentía vieja y ya no tenía tantos clientes como a sus trece años. Eran mujeres admirables y fuertes. No vivían su realidad desde el victimismo.

Había una que no hablaba y casi siempre tenía el ceño fruncido. Estaba embarazada y se fajaba para que no se notara. Faldas de licra y tacones muy altos. Lápiz de labios rojos. Sombras nacaradas. Uñas largas. Lentejuelas. Rímel corrido. Carcajadas.

Solíamos pasar mucho tiempo en las afueras del metro Revolución porque ahí había varios puestos de artesanías. En ese camellón nos reuníamos cada día. Yo me la pasaba sola, caminando por la zona, platicando con quien se pudiera. Frente al metro había una pequeña calle, cada tanto aparecía un coche de lujo y se paraba frente a los puestos. Era un coche negro muy elegante. Lo manejaba un chofer y atrás se veía a un señor de cabellera blanca. Me miraba.

Un día, una de mis amigas prostitutas habló con mi madre y le dijo que el señor le había ofrecido cinco mil pesos para que me llevara a un hotel. Mi madre se horrorizó. Nos fuimos enseguida de ese hotel, pero el señor nos encontró, y esta vez abordó a mi madre y le ofreció diez mil y luego veinte mil. Mi madre lo amenazó con denunciarlo a la policía, al otro día nos fuimos y no volvimos a esa zona.

Cuando cumplí catorce años, me había forjado un carácter fuerte por todo lo vivido y leído. Empecé a cuestionar y a confrontar a mi madre. Ya no era la dulce niña que la acompañaba a sus locuras y que podía zangolotear como un trapo. Le exigí que se pusiera en orden, que trabajara, que se pintara las canas y que dejara de pretender que era una indigente. Ella me hizo caso, porque mi madre era una niña que necesitaba que alguien le dijera qué hacer.

Empezó a dar clases de inglés en una empresa. Mi mamá era una excelente profesora, y logró que en un mes la ascendieran. Compró ropa para las dos y nos instalamos en un hotel por Isabel la Católica. No era lo mejor del mundo, pero había algo de estabilidad.

Mientras mi mamá trabajaba, yo escuchaba el disco azul de Santa Sabina. Gracias a sus letras, llegué a la poesía de Adriana Díaz Enciso y Bertolt Brecht. Escuchaba un programa de radio en Rock 101, *Los cuernos de la luna*. Construí mi propio mundo, buscaba bibliotecas, conseguía libros de poesía.

Además, seguía yendo a los conciertos que me invitaban. En uno de ellos, conocí a Sonia. Nos caímos muy bien, a las dos nos encantaba la Maldita Vecindad. Ella tenía diecisiete años y un gran corazón. Le platiqué cómo era mi vida y me ofreció que me fuera a vivir con ella. La pasé muy bien con su familia, pero la beca expiró y volví con mi madre, que estaba resentida conmigo porque la había dejado. Vaya que podía ser muy soberbia... Yo no quería volver a su lado, quería vivir más con Sonia o con quien fuera. Me sentía atada y enojada, más cuando supe que mi mamá tenía un nuevo novio: nada más y nada menos que Patricio, el papá de mi medio hermano.

El hombre de chamarra café

Dicen que los seres destinados a encontrarse lo hacen, y ellos tenían la misión de destruirse juntos. No sé cuándo ni cómo se reencontraron. En ese tiempo la comunicación con mi mamá no era buena. Inicialmente no me pareció buena idea, recordaba que era adicto, jugador de póker y que había estado en la cárcel por robo, pero con el paso de los meses, mi opinión cambió. Patricio no bebía, por lo tanto, mi madre le bajó mucho al alcohol. Parecía una buena influencia. Era amable conmigo, educado y culto. Destacaban su altura y sus camisas Dior que le regalaban sus hermanos. Patricio Pérez provenía de una familia adinerada que lo apoyaba económicamente, aunque con cierta distancia.

Mi mamá estaba enamorada y había vuelto a dar clases. Con su sueldo alquilamos una habitación en la casa de unos amigos de Patricio en la San Miguel Chapultepec. Los arrendatarios eran un matrimonio que parecía ser gente buena. Ella tenía veintiún años y él aproximadamente treinta, y se dedicaba a la fumigación. Tenían un hijo con síndrome de Down. Ella me cayó muy bien y nos hicimos amigas.

La habitación era muy pequeña: apenas cabía una cama, no había armario, pero tampoco importaba porque no teníamos mucha ropa. Además, las paredes estaban llenas de salitre. Prácticamente era un agujero sin puerta, con solo una manta que cubría la entrada.

En esos días retomé la escuela. Los fines de semana mi mamá se iba con Patricio a un hotel y yo me quedaba en la casa. Cierto día me quedé sola con el fumigador, estaba leyendo, recorrió la cortina y me preguntó si podía entrar. Se sentó en la orilla de la cama. Traía algunas revistas; eran cómics sexuales, me enseñó dibujos de manga y revistas porno. Me sentía muy incómoda, pero fingí que no lo estaba, mientras buscaba con los ojos algo para pegarle. Nunca le conté a nadie.

La cama, una barca

Poco después nos mudamos a una pequeña y bonita casa en la avenida Constituyentes. Recuerdo las paredes blancas. Me encantan las paredes blancas sin texturas. La casita estaba dentro de una privada encantadora. Teníamos dos habitaciones y una sala en la que solo cabía un pequeño comedor que nos había regalado la familia de Patricio. También nos dieron muebles para las recámaras y una maleta llena de ropa increíble de la sobrina de Patricio. Guardo aquellas prendas en mi memoria. Me quedaban perfectas. Tenía quince años y la gente me decía todo el tiempo que era muy bonita, aunque los hombres me observaban y eso me incomodaba.

Me pareció extraño que un amigo de Patricio me regalara un anillo de rubí. No duró ni un día porque lo tiré en una coladera. No quería una joya de un viejo idiota.

Me encantaba caminar por los alrededores de Chapultepec, imaginando cómo sería mi vida. En mis ensoñaciones me vestía muy bien. Me hice amiga de Los

Estrambóticos, especialmente de David. Siempre me pasaba a ver a la casa antes de ir a la preparatoria y platicábamos horas. Fue un buen año. Me la pasaba en Rockotitlán y leía todo lo que podía.

Una tarde cayó un diluvio tan fuerte que hasta el agua se filtró por el techo e inundó la casa. Mi madre y yo nos subimos a la cama. En unas horas el agua subió de nivel y la cama se volvió una barca, una isla, donde veíamos pasar flotando zapatos y lo que hubiera en el piso. Cuando el agua bajó, las paredes se llenaron de manchas de moho. Esa fue la primera señal de que la paz se había terminado. A continuación, viví la etapa más dolorosa y desesperante de mi vida.

Nos mudamos a Ecatepec porque a mi madre se le ocurrió que quería estar cerca de su familia y que viviera con nosotros mi medio hermano, quien tenía siete años en aquel entonces. Su idea de jugar a la casita nos arrojó a una horrible pesadilla.

Del metro Indios Verdes tomábamos un camión y tras una hora, a veces hora y media después, llegábamos a la unidad habitacional Las Flores. Con la ayuda de los hermanos de mi madre, conseguimos un departamento en uno de los muchos edificios de la unidad habitacional.

Desde que llegamos ahí supe que algo malo pasaría.

"¡Oh, gloriosísimo Apóstol San Judas!

(...) patrón de los casos difíciles y desesperados. Ruega por mí que soy tan miserable y haz uso, te ruego, de ese privilegio especial a ti concedido de socorrer visible y prontamente cuando casi se ha perdido toda esperanza".

Ecatepec

Nunca me han apuntado con un arma, pero sé cómo se siente esperar el disparo. Jamás un auto se ha lanzado hacia mí, pero conozco el vértigo de las luces acercándose a toda velocidad. Nunca me he caído desde un tercer piso, pero comprendo la angustia de anticipar el impacto contra el pavimento. En ese lugar supe lo que era el miedo.

Al llegar a la unidad habitacional Las Flores, en Ecatepec de Morelos, nos encontramos con un paisaje árido. Alrededor de setenta edificios se alzaban del suelo, pintados de un color crema uniforme, uno tras otro, formando líneas asfixiantes, rodeados de jardines donde no crecían árboles.

Pese a que no era seguro caminar por los alrededores de la unidad, recorrí toda la zona. Ver las calles llenas de basura era un gran contraste después de haber paseado por los jardines de Chapultepec, pero yo me adaptaba fácilmente y siempre trataba de encontrar el lado bueno.

Caminando me topé con un tianguis de ropa usada. Por veinte pesos podías conseguir ropa increíble. Todo comenzaba con una montaña de ropa envuelta con una sábana, atada con un enorme nudo. Al abrirla brotaban muchas prendas de diferentes colores y tallas. Encontré verdaderas joyas. Me gustaba pensar en la historia detrás de la ropa: quién la compraría, por qué la desecharon y lo que sintió la prenda al viajar desde Estados Unidos hasta llegar a mí, su nueva propietaria. El mercado era un arcoíris rosa que salía entre las calles grises. Había un centro de convenciones y una biblioteca sin libros, los estantes estaban ocupados únicamente por revistas.

El departamento donde vivíamos era hermoso. Tenía tres recámaras, sala, comedor, incluso teléfono. Nunca habíamos vivido mejor, pero no estábamos contentos.

Patricio cambió de personalidad. Estaba frustrado y molesto por estar tan lejos de sus amigos. Mi hermano era grosero y travieso, por lo que lo expulsaban de la escuela constantemente. Mi mamá daba clases en una escuela por la zona y no tenía tiempo para cuidar del niño, quien se la pasaba en la calle. Mi madre no nos protegía en absoluto. Ni intoxicada, ni sobria. Se había propuesto jugar a la casita y éramos parte de ese juego.

En ese entonces yo tenía una amiga, Alondra, que vivía en Coyoacán. Alondra estudiaba música. La conocí en Rockotitlán, nos caímos muy bien. Empatizamos porque ella también tenía una situación familiar difícil. Vivía con sus abuelos en un cuarto de azotea. Seguido me invitaba a dormir con ella. Visitarla era un oasis para mí. Fuimos buenas amigas, yo la quería muchísimo. Le gustaba leer tanto como a mí y platicábamos de libros y música.

Fue al volver de su casa cuando se me acabó la vida. El microbús me dejó en la esquina, desde allí vi a mi madre. Estaba parada junto a mi hermano, quien jugaba con unos carritos. Al verme, mi madre se echó a llorar. Me contó que Patricio la había golpeado toda la noche y me mostró sus costillas moradas.

Sentí un gran dolor y un profundo terror, no quería entrar a la casa. Le pedí que escapáramos, que buscáramos a su familia, que pidiéramos ayuda. Se negó, y me dijo que Patricio se comportaría mejor con mi presencia. Al abrir la puerta, un silencio sepulcral lo invadió todo. La casa ya no era la misma; se había convertido en un calabozo lúgubre.

En efecto, Patricio no la golpeaba cuando yo estaba en casa. Solía agredir a ella y a mi hermano cuando yo no estaba presente. Dejé de salir de la casa, dejé de ver a mis amigas, dejé de salir a caminar. Nunca había sentido tanto terror en mi vida. Tenía pánico de que en cualquier momento la situación cambiara y Patricio me golpeara a mí también.

Mi madre no quería dejarlo, lo amaba, y eso era muy frustrante. Pasamos un año así, me alejé de todo por cuidar a mi madre y a mi hermano, presa de un terror indescriptible. Sobre todo en las noches, sentía que la oscuridad agudizaba el horror, la angustia.

Las luces de las ventanas de la unidad habitacional Las Flores se apagaban alrededor de las once de la noche.

Cuando los vecinos entraban a sus camas para dormir, yo me ponía en posición para la guerra. La noche era mucho más oscura para mí que para los demás.

Entre las doce y las doce y media de la noche pasaba el último microbús que venía del metro Indios Verdes. Desde mi cuarto se escuchaba cómo frenaba y bajaban los últimos pasajeros. Exactamente a dos cuadras de la parada estaba mi casa, lo que equivalía a setenta y nueve pasos para llegar a la reja de la entrada. El sonido del pasador confirmaba su llegada y mis ojos se cerraban, mientras mi corazón latía con fuerza, como si quisiera escapar de mi cuerpo. Apretaba las manos mientras temblaba bajo la manta con el miedo más profundo, contando los escalones que sus horribles pies pisaban: ocho, siete, seis, cinco, cuatro, tres, dos…

La puerta se abría y mi respiración se detenía por unos segundos. Todo mi cuerpo quedaba inmóvil, incluso mi corazón, en un intento por no hacer ningún ruido y poder escuchar cómo venía: si llegaba enfadado, tranquilo, borracho o si traía consigo al demonio.

Nunca me han apuntado con un arma, pero sé cómo se siente esperar el disparo. Jamás un auto se ha lanzado hacia mí, pero conozco el vértigo de las luces acercándose a toda velocidad. Nunca me he caído desde un tercer piso, pero comprendo la angustia de anticipar el impacto contra el pavimento. El miedo es igual para todos, así como el amor. El miedo o el amor casi siempre son llevados o arrastrados por el otro.

Los meses de continua tensión me llevaron a enfermar. Experimentaba un dolor agudo en el estómago, me desmayaba, vomitaba sangre. El baterista de Los Estrambóticos, Toño, era doctor, me revisó y me diagnosticó colitis nerviosa. Me preguntó qué me tenía así. No le dije, no hablé con nadie.

Cuando Patricio no estaba en casa, las calles se convertían en mi refugio. Una tarde la desesperación me oprimió hasta el punto de desbordarme en llanto en plena calle. Una chica desconocida se acercó a mí y me preguntó si estaba bien. Me senté en la banqueta y no pude articular palabra alguna. Se sentó junto a mí y me abrazó. Ese abrazo, ese calor humano, aquel instante de ternura, me devolvió la fuerza.

Llegué caminando a una iglesia color menta. Era el único lugar donde me sentía resguardada. Observar a los fieles orando me transmitía paz, ahí no entraba la sombra de las ideas suicidas. Me entregué a la oración con una única súplica en mente: que Patricio no volviera a golpear a mi madre. San Judas Tadeo, el patrón de los casos difíciles, era el santo más venerado de la capilla. Encendí una veladora en su honor y le conté mi historia. Esa noche, Patricio no regresó a casa para dormir, ni tampoco lo hizo la siguiente noche. Cuando finalmente volvió, venía de buen humor y llegó con comida.

Me transformé en fiel devota de san Judas Tadeo. Cada noche me arrodillaba para rezar una hora, a veces más. Bajo la certeza de que alguien me cuidaba desde otro plano, me alejé de la realidad.

En uno de mis paseos, en un puesto de libros usados, encontré los libros de mi primer maestro espiritual, Hermann Hesse: *Siddhartha*, *Demian* y *El lobo estepario*. Hesse me ayudó a sobrevivir, a llegar hasta aquí.

Leí y releí estos libros. Sus palabras alumbraron el calabozo. Mi espíritu se desarrolló enormemente, entre la tristeza y la luz de la literatura. El desinterés que me ocasionaba el mundo físico volcaba al mundo de las palabras. Seré escritora, decidí. Un día voy a contar esta historia.

Lo primero que escribí fue poesía. Luego la poesía se volvió un cuento; era una conversación entre dos gotas de agua que temían desprenderse de la ventana. No se querían soltar y reflexionaban sobre ello, sobre abandonarse.

Desde esa misma ventana vi caminar a un gato pequeño; era blanco con gris y tenía los ojos azules. Lo rescaté y fue mi gran compañero, incluso dormíamos abrazados. Nunca sentí tanto amor de un ser como sentía el de Iñaki, logró embellecer mi vida.

Mi mamá y Patricio se habían convertido en unos parásitos sociales, tanto que dejaron de pagar la renta. Mi madre era la única que trabajaba; por segunda vez en su vida mantenía a un hombre.

Todos los días comíamos huevo con chorizo, kool-aid rojo, sopa de pasta y tacos de frijoles, nunca nos aburrimos de esa comida. Iñaki comía pescuezos de pollo que yo conseguía regalados en la pollería.

Después de un año de no pagar renta, nos desalojaron. Recuerdo mi felicidad, ya que pensé que volveríamos a San Miguel Chapultepec. No fue así: las cosas empeoraron.

Un amigo de Patricio le prestó un departamento ubicado en otra unidad habitacional, mucho más lejos, dos horas después del metro El Rosario. Era un lugar horrible, prácticamente a medio construir, en medio de un despoblado. Sentí mucho miedo: no conocíamos a nadie, no había una iglesia. Era el lugar más lúgubre y triste que había visto. Patricio pasaba semanas sin ir a la casa, mi madre estaba deprimida y dejó de trabajar, y yo me quedé sin libros para leer.

La unidad estaba rodeada de llanos. Como siempre, salía a caminar. Una tarde me alejé lo suficiente. La unidad habitacional, vista de lejos, parecía un incendio donde los edificios rojos eran llamas que salían de la tierra. Entonces comprendí que estábamos en el infierno.

El infierno

Fue una época espantosa. Los días pasaban muy lentos en el infierno. Patricio escapaba con sus amigos por semanas y mi madre iba detrás de él. Mi hermano volvió con sus tíos ya que mi mamá lo abandonó de nuevo. Prácticamente vivía sola, acompañada de mi gatito, a quien amaba con toda mi alma; le contaba historias y él me abrazaba.

Lo único bello que tenía eran aquellos abrazos, sus patitas blancas enrolladas en mi cuello. El departamento era muy oscuro. Algunos cuartos no tenían electricidad ni tampoco había agua caliente. Tenía dieciséis años, se supone que debía de estar llena de sueños, pero no tenía ninguno. Me sentía condenada a cuidar a mi madre, que estaba obsesionada por su agresor.

Una vez me quedé sola varios días. Las noches se propagaban más allá de las puestas de sol y pasaba la mayor parte del tiempo viendo el techo. Solo salía por los pescuezos de pollo que pedía en el mercado para Iñaki. Fue en ese momento cuando mi mente empezó a señalar que no era querida por nadie, que mi madre prefería a cualquier hombre o un vaso de alcohol antes que a mí. A excepción de no haberme abandonado en las calles y mantenerme con vida, mi madre no había hecho nada por mí.

El infierno lesionó mi mente, dejó de importarme la vida. "No sé si en la muerte hay paz, pero sé que ahí está mi padre", escribí en mi diario.

"No voy a tener hijos, no quiero que sean propietarios de mi vida, para terminar con ella cuando quiera", escribí en mi diario.

El pensamiento del suicidio ocupó casi toda mi mente. Cada día estaba más segura de no querer vivir, pero lo que me detenía era el amor por mi madre. Por ella permanecía en un mundo que odiaba, y no me parecía justo que me retuviera aquí.

Una semana después volvieron mi madre y Patricio muy borrachos. Para entonces, Patricio había recaído en el alcohol y las drogas. Les reclamé por dejarme sola tantos días.

Patricio se paró frente a mí y me gritó: "¡Cállate, pendeja! A mí no me vas a decir qué hacer". Su mirada me aniquiló. Ese grito era la antesala de un golpe. Me paralicé y no volví a decir nada. Para no detonar la granada, no había que caminar, no había que hablar; me quedé muda.

Lo más difícil fue no tener una iglesia donde refugiarme, así que rezaba en mitad del llano, permanecía horas en la mitad de la nada. Analizaba mi vida y parecía no tener sentido mi existencia, que solo había nacido para tener miedo. Todos los días me sumergía en el llano, lloraba hasta cansarme y volvía a casa detenida a la idea de que si, a pesar de todo, continuaba con vida, era para un día volverme escritora.

"Un día contaré esta historia, y ese día estaré bien".

Al verme tan triste, a mi madre se le ocurrió que fuera de visita a Tampico para ver a mis abuelos. Me ilusioné. Mi madre contactó a mi abuela, quien se mostró encantada de recibirme. Modesto, el dueño de la disquera, me dio el boleto del camión. Hice una maleta y emprendí el viaje.

Eucalipto

La casa de mis abuelos estaba en la calle de Eucalipto. Los recuerdos más bellos de mi infancia seguían intactos en sus esquinas. La casa de madera era hermosa, y mi abuelo tenía una biblioteca. Sin embargo, la tristeza brotaba por las paredes porque mi abuela nunca superó la muerte de mi padre. La recuerdo tristísima, fumando frente al televisor. En la casa vivían también mi abuelo, quien solo llegaba a dormir; Lupe, que ayudaba con la limpieza, y mi tía Elsa.

Mi padre tenía tres hermanos: Chaco, Elsa y la menor. No tengo recuerdos claros de ellos. Mi tío Chaco se trasladó a Monterrey, y a su hermana menor, Vainilla, apenas la recordaba. En cambio, recuerdo mucho a Elsa. Visitaba a mi madre con frecuencia y la ayudaba a limpiar la casa. Solían conversar durante horas. Elsa era bióloga marina y parecía tener un futuro brillante, pero su mente se quebró. Su mirada parecía flotar, como si no se detuviera en nada en particular.

Mi abuelo llegaba muy noche del astillero, y a pesar de que tenía una fama de gruñón, conmigo era muy bello. Mi abuela decía que era más cariñoso conmigo que con nadie. Cada noche alimentaba a sus gatos y me platicaba sobre ellos. Era un hombre extraordinario, una celebridad por ser el dueño del primer astillero de Tampico. Sin embargo, no se veía feliz. Mi madre decía que era porque él había querido ser músico y había perdido dos dedos en el astillero y a su hijo, mi padre, al que mi abuelo llamaba "el Gorrión".

Todos fueron muy dulces conmigo. Al tercer día de estar con mis abuelos me llamó mi tía Vainilla para invitarme al cine. El ceño de mi tía Elsa se endureció. "Ten cuidado con ella", me dijo.

Vainilla

Días después de estar en casa de mis abuelos, un coche azul se estacionó frente a la casa. Bajó una mujer de cabello naranja, ropa blanca, muy elegante, bella. "¡Lalena!", me gritó desde el auto con una gran sonrisa, corrió a mí y me abrazó igual que como me abrazaba mi gato; olía a vainilla. La amé al instante. Lo primero que me dijo fue que yo era hermosísima, que me parecía mucho a ella.

Fuimos al cine. Nunca había probado unas palomitas tan deliciosas ni una cocacola tan perfecta. Después, me llevó a cenar al restaurante Los Flamingos. Era muy divertida y la persona más inteligente que había conocido hasta entonces.

Durante la cena, me habló de su profesión, de libros, de espiritualidad. Sabía tanto de todo.

Al día siguiente pasó temprano por mí para ir a la playa Miramar. No pude evitar llorar al estar de nuevo en aquel lugar donde había sido tan feliz. Mi mar amado, donde mi madre me cuidaba, donde jugué con la arena antes de conocer a la muerte. Mi tía Vainilla me abrazó con dulzura. Hablamos por horas y nos conectamos de una manera muy profunda.

Nunca había conocido a una mujer como ella: sensible, inteligente, culta. Era psicóloga, por lo que compartimos la sed por el conocimiento. Al escucharme, sus ojos brillaban de admiración. Me decía que éramos almas gemelas, que yo tenía el espíritu de mi padre, que era tan inteligente y hermosa como él, y que si se lo permitía, ella quería ocuparse de mí.

Hay seres humanos que nos hacen sentir esperanza, nos hacen sentir que el amor será posible. Me entregué por completo, le di mi corazón y mi alma, le conté todo. La amé de una manera que nunca había sentido por nadie, y que nunca volví a sentir.

Siempre le voy a agradecer por esos días donde tuve la fantasía de tener una familia y ser digna de amor, aunque resultó ser la mujer que más me lastimara en la vida.

Esa misma tarde me mudé a su casa. Mi otra tía se despidió con tristeza, al abrazarme me susurró que me cuidara. "Las cosas no son lo que parecen", me dijo.

La casa de Vainilla era muy hermosa, con un jardín amplio y las paredes blancas. Me presentó a mi prima, una niña muy bonita, cinco años menor que yo. Lo siguiente fueron días y días felices: íbamos al mar, hacíamos yoga, íbamos al cine, cocinábamos, mientras platicábamos de todo, Dios era el tema más recurrente.

Le conté sobre san Judas Tadeo. Ella me platicó sobre su maestra espiritual, su gurú, Gurumay Chidvilasananda. Me mostró una foto, era muy hermosa. Me dijo que

Gurumay era la cabeza del linaje de los siddhas y el mantra de siddha yoga es *om namah shivaya*, que quería decir "me inclino ante Dios que está dentro de mí". Cuando escuché el mantra quedé prendada con la maravillosa música.

Vainilla me regaló muchos libros de yoga, los cuales devoré de inmediato. Mientras ella daba terapias, yo aprovechaba para salir a caminar. Mi destino era siempre la planta de luz, donde me sentaba a cantar y meditar en soledad. *Gurú* significa "de la oscuridad a la luz", y yo había encontrado a mi gurú.

Una llamada interrumpió mi felicidad: era mi madre. Me suplicaba que volviera, me dijo que Patricio le estaba pegando, que me necesitaba ahí.

Yo hice mi maleta como quien es elegido para ir a la guerra. Entonces mi tía se sentó al borde de la cama y me habló cosas horribles sobre mi madre. Me dijo que nunca me había querido, que se había embarazado para retener a mi padre, que era malvada, que ninguna mujer que quiere a un hijo antepondría la fiesta.

Le llamé a una vecina para que le avisara que no pensaba ir a México, me quedaría un tiempo más. Vainilla me felicitó y me dijo: "Ya no estás sola. Somos familia". Pero no era tan sencillo, esa noche no pude dormir. Imaginar a mi madre sufriendo me mataba y, además, también era responsable de mi gatito. Así que, al día siguiente, volví a la ciudad.

A veces me pregunto
¿cómo hubiera sido mi vida
si alguien me hubiera cuidado,
si hubiera tenido una cama
para dormir después de un cuento?
No me quejo, sé que hay gente
a la que le va peor.
Pero daría todo
por los recuerdos
que nunca tendré.

Iñaki, el gatito

Volver al infierno fue espantoso. Odiaba con toda mi alma esa horrible unidad habitacional y ese terrorífico baldío. Fue en ese pasto seco que germinaron mis primeros pensamientos suicidas. No quería regresar jamás a ese baldío porque me aterraba descubrir qué era capaz de pensar estando allí. Me prometí nunca caminar de nuevo por ese pasto seco, no era necesario.

Yo era amada y tenía una familia maravillosa: un abuelo brillante, una dulce abuelita, mi tía Elsa, que era genial, y Vainilla, mi otra madre, o mi verdadera madre, como me decía.

Pero cuando llegué mi madre me recibió con la noticia de que unos vecinos habían envenenado a Iñaki, que mi hermoso gatito blanco, que había llegado arrastrándose en las escaleras, había muerto en mi cama.

Sentí que un puñal me atravesó el corazón y salí corriendo como una loca al llano. Ahí lloré como nunca, le pegué a la tierra intentando golpear al mundo.

Mi madre me alcanzó. Ella también lloraba, adoraba a Iñaki. Nos abrazamos fuerte y con mucho amor.

Patricio no fue a casa en esos días y mi madre lucía muy desmejorada. No me contó lo que había pasado en mi ausencia. Ella siempre protegía a sus agresores, pero debió de ser terrible. Sus ojos eran dos pozos oscuros repletos de tristeza. Era increíble todo el dolor que puede caber en una mirada. Le marqué a mi tía Vainilla para contarle lo de Iñaki. Ella me consoló con un regalo: me había inscrito en un curso intensivo de meditación de Gurumay.

El yoga del amor

Tres días después estaba sentada en flor de loto en el lugar más hermoso del mundo. Rodeada de flores de colores y aromas dulces, mis ojos estaban cerrados, mientras repetíamos una y otra vez el mantra, empecé a sentir algo que nunca había sentido: amor. "Om namah shivaya". Gurumay acercaba a Dios, lo sacaba del cielo y lo ponía dentro de nuestro corazón. Solo teníamos que repetir el mantra para que Dios respondiera.

Cantamos y meditamos ocho horas. No podría describirlo jamás; era como el sabor del mango o la sensación del primer trago de agua después de tanta sed.

Un rayo de luz brotó desde mi corazón,
una pequeña perla azul aparece
y desaparece de mis meditaciones,
sonrío.
Soy igual de perfecta que las estrellas.
Alrededor de mí hay oscuridad, pero hoy no tengo miedo.

Solo necesito cerrar los ojos y puedo volver en el tiempo. Al salir del templo, la noche relucía como si irradiara una nueva luz. Esta luz caía sobre los vagones del metro y las personas que transitaban. Sentía un gran amor, una profunda paz. Ese día supe que Dios existe y que vive dentro de cada uno de nosotros.

Una amiga me dio hospedaje esa noche. Al otro día, al volver al infierno y caminar por las desoladas calles, mis ojos veían con compasión la pobreza que me rodeaba y con amor a los vecinos de la unidad. Dentro de ellos también estaba Dios. Lo horrible ya no era horrible, simplemente era.

Fascinada con esa nueva manera de ver la vida, subía las escaleras del edificio cuando escuché los gritos de mi madre, quien suplicaba: "Ya no me pegues, por favor".

Mi corazón se detuvo. Sentí terror, pero recordé que no estaba sola. Sabía que dentro de mí había una fuerza que me protegía. Abrí la puerta despacio. La mano de Patricio estaba preparada para dar otro golpe. La palma firme como una tabla. La boca de mi madre sangraba. Caminé hasta él, lo abracé por la espalda, y le dije. "No hagas eso. No tienes por qué hacer eso... Amor con amor se paga".

Patricio era un monstruo, un maldito abusador, y yo le tenía pavor, pero en ese momento se volvió muy pequeño, bajó la mano como un ladrón descubierto. Yo permanecía firme y calmada.

Él perdió todo el poder. Ante mí, un hombre gigante de dos metros no era nada. Empezó a temblar, estaba avergonzado. Me pidió veinte pesos para su pasaje. Se los di y tan pronto como salió de la casa, me senté en el comedor con mi madre y le dije: "Nos tenemos que ir. No te estoy preguntando. Vámonos de aquí".

Mi madre empacó llorando, no quería dejar nada. Por primera vez teníamos unas cuantas cositas. "Nada vale", le repetía, "¡Vámonos!". Entonces, me asomé al baldío, me sentí tentada a ir. El baldío era una especie de imán que me atraía para devorarme.

Mientras ella terminaba de empacar, entré por última vez, toqué la tierra y dije: "Gracias, Iñaki, por irte y dejarme ir. No habría podido cargar contigo y jamás te hubiera podido dejar. Gracias, baldío, por escucharme tantas veces". Eran las diez de la noche, el microbús estaba vacío.

Mi madre se sentó al frente y yo corrí para ver por la ventana de atrás al infierno por última vez. Los edificios eran llamas rojas que la oscuridad de la noche apagaba. Sonaba "Los caminos de la vida" a todo volumen. Puse la mano en mi pecho mientras decía una y otra vez: "Gracias, Dios, gracias".

Zamora 95

Pasamos unas semanas deambulando entre las casas de amigos hasta que mi mamá comenzó a dar clases en una empresa que capacitaba a ejecutivos. Nos mudamos a un hotel cerca del metro Isabel la Católica. Volvieron los tiempos de lavar ropa en el lavabo con jabón Rosa Venus. Me despertaba a las cinco de la mañana, me daba un baño y emprendía camino al templo. Todos los días, a las 6:45 de la mañana, se cantaba "La Guru Guita".

Cantaba en sánscrito, sin entender una sola palabra. Adoraba estar ahí. Daba servicio desinteresado, y trabajaba de voluntaria lavando platos y horneando galletas. Cumplía con cualquier tarea que me asignaran.

Cada sábado se llevaba a cabo un programa para jóvenes en el que se nos animaba a compartir nuestras experiencias con la filosofía del gurú.

En una ocasión, decidí hablar sobre lo que ocurrió con mi padrastro. Mi relato conmovió profundamente a todos. Desde entonces, me invitaron a unirme a sus reuniones y fiestas. La mayoría de ellos era de clase alta, pero no eran pretenciosos ni arrogantes; al contrario, eran muy amables y su prioridad era buscar a Dios.

Entró la luz a mi vida. Fui recibida con amor en una sociedad de gente buena y hermosa. Nos juntábamos para meditar y cantar. La parte difícil era cuando íbamos a restaurantes y yo no tenía ni un peso para comer; fingía estar llena y solo pedía agua. No les contaba mi realidad, ya que me apenaba enormemente mi pobreza.

Mientras tanto mi madre hacía de las suyas. Para ella, el hecho de pagar el cuarto y comprar comida de la calle le daba derecho para ahogarse en el bar del hotel.

La imagen era deplorable. A veces volvía del templo llena de alegría y la encontraba bebiendo. Una vez la hallé noqueada en el baño, balbuceando. No se me ocurrió pensar que había ingerido algún tipo de droga, no me cabía en la cabeza. Hice lo de siempre: ayudarla a levantarse, ponerla en la cama y, al otro día, irme a meditar.

Mi madre empezó a ganar dinero rápidamente; cuando se lo proponía lo lograba. En menos de dos meses, consiguió un departamento en Santa María la Ribera. Era un lugar encantador, con tres recámaras y una amplia sala comedor. No logramos estar en ese departamento ni tres meses. Hizo una fiesta un día que yo no estaba y parece que fue todo el tianguis del Chopo. Nos corrieron y volvimos al hotel de Isabel.

Fue allí donde descubrí que mi madre se había vuelto adicta a la cocaína y el horror me invadió. Era una mujer terrible, incontrolable. Dejé de suplicarle entre lágrimas, dejé de hablar con ella. Solo me quedaban gritos, pero ni eso era suficiente para alcanzarla.

Odiaba atravesar todos los días por el contraste entre la pureza del templo y la decadencia más cruel. El templo estaba por el metro Juanacatlán, en la calle de Zamora, número 95; diecisiete estaciones después estaba mi casa, un cuarto en el fango, en la mierda.

Recuerdo un 10 de mayo en el que las chicas del templo se organizaron para sorprender a sus madres con serenatas. Entrábamos a sus casas y sorprendíamos a sus madres. Visitamos alrededor de doce casas en total; eran de estilos sociales muy diferentes. Pasábamos de casas lujosas a departamentos pequeños, pero todas tenían algo en común: eran nidos de amor. Las madres de todas las chicas eran hermosas y amorosas.

Yo canté para todas con gran entusiasmo y cada casa era más difícil, pues tenía un nudo en la garganta. Cuando llegó mi turno y me preguntaron por mi casa, simplemente dije que mi mamá no estaba. No les iba a decir que mi casa era la habitación 115 del hotel Virreyes y que mi madre estaba alcoholizada.

Toda la vida viví de esta manera. Pero no lo juzgaba: sobrevivía, era lo que me había tocado. Era mi vida, no conocía otra, pero esa noche, al volver al cuarto y ver el patético espectáculo de mi madre tirada con una botella de Bacardí y el televisor a todo volumen, sentí odio en mi corazón.

Al día siguiente salí a las cinco de la mañana para ser la primera en llegar al canto. Al terminar, una señora se me acercó y me dijo: "Te veo sumamente involucrada en tu sadhana espiritual, te puede ayudar a complementar el libro *Un curso de milagros*".

Me molestó que alguien en un templo hinduista estuviera recomendando otra cosa; además, tenía el peor título del mundo. Por amabilidad, pregunté de qué se trataba. La señora respondió que era sobre el perdón, aprender a perdonar… Peor aún, ¿perdonar? A mí me debían disculpas todos. Me di la vuelta molesta.

La evasión más pura

La espiritualidad puede volverse un refugio para el dolor, una forma de evadir el mundo real. Sin darte cuenta, puedes convertirte en un tóxico sublime: pasar el día hablando de Dios mientras juzgas a quienes no comparten tu visión. Juzgar a quienes comen carne, a quienes viven de forma mundana, a aquellos que simplemente son diferentes.

A los diecisiete años, me había transformado en una moralista, seguía con devoción las enseñanzas de los maestros siddhas en búsqueda de iluminación. Para mí, la iluminación significaba esa dicha que había experimentado durante mi primer retiro intensivo de meditación, y quería mantenerla por siempre.

Vivir en el mundo en un trance, ajena a él, es algo imposible. Me levantaba antes de que saliera el sol, era virgen, odiaba cualquier cosa que tuviera que ver con el alcohol. Nunca había fumado, ni me había drogado. Era muy estricta y sumamente dura con los demás, empezando por mi madre.

La costurera

Me habría gustado dedicarme solamente al yoga, pero había un gran obstáculo. El siddha yoga también se conoce como el yoga de los ricos. Mis compañeros viajaban constantemente al templo de Nueva York y a la India, podían pagar los intensivos de meditación que eran muy caros. Yo no.

Ya no era una niña. El reloj se había puesto en marcha y tenía que encontrar un empleo para pagar los cursos y alejarme de mi madre. Cuando busqué trabajo, me encontré en varias situaciones peligrosas y caí en algunas estafas.

En la Ciudad de México de 1997 había un sistema de corrupción dirigido a los jóvenes. Te atraían prometiendo sueldos altos y resultaban ser estafas o intentos de secuestro.

Algo positivo que me dio vivir en las calles es el instinto: olfateo el peligro, soy muy cautelosa. Pero aun así una vez tuve que salir corriendo de un edificio. En otra ocasión participé en un entrenamiento que duró varios días y, al final, no me querían dejar salir sin que yo les comprara unas engrapadoras.

Sabía que para tener un buen empleo tenía que estudiar, y para ello hay que tener, además de dinero, ganas de aprender. Solo quería meditar y ser escritora, y la idea de estudiar cualquier otra cosa me deprimía.

Mónica era una amiga del ashram con quien pasaba mucho tiempo. Su madre era una de las líderes, una mujer increíble. Yo la admiraba y pensaba en la suerte de Mónica por tener una madre tan maravillosa. Sin embargo, a ella no le gustaba el ashram, su madre la obligaba a estar allí.

Mónica tenía todo lo que yo deseaba: desde la manta de lana de mil pesos para sentarse a meditar hasta las runas de tres mil pesos. Había visitado el templo en la India y en Nueva York, y conocía a Gurumay.

Siempre me ha gustado la moda. Después de platicar con la madre de Mónica, llegué a la conclusión de que estudiar corte y confección era una buena idea, una opción honorable. Pensé que, con un empleo, podría alquilar un lugar donde vivir y dedicarme a la meditación. Sin embargo, era una fantasía pensar que una costurera podría tener una vida y cursos dedicados al yoga de los ricos.

Hablé con Modesto, el dueño de la disquera, quien me dio un cheque de cuatro mil pesos para tomar mi primer curso. Mónica me prestaría una máquina de coser. Pero la vida, la maravillosa vida, movió las cartas y un día antes de inscribirme en las clases de corte y confección, una amiga de una de las hermanas de Mónica nos contó que estaba escribiendo un cuento para ingresar a la Sogem. "¿Qué es la Sogem?", pregunté. "La Sociedad General de Escritores de México", respondió. Mi corazón se detuvo.

Pregunté cuáles eran los requisitos para ingresar y me dijo que solo necesitaba presentar un cuento. No pedían nivel de estudios. Tres horas después estaba entrando en lo que sería mi escuela y el primer peldaño de una larga escalera que me trajo a contar esta historia.

El aroma de la muerte

Una casa muy grande con paredes de piedra, un lugar donde se habla de escritura y se escribe. Donde todos tenían lo mismo que yo en la cabeza. Era lo más cercano al cielo para mí.

El día que crucé la puerta para entrar a la Sogem experimenté la misma sensación que al entrar en el templo: sentí que ambos lugares eran paraísos que no me correspondían, estaban destinados a personas de otra condición, gente con dinero y educación, pero sospeché que podría infiltrarme de la misma manera en que me había infiltrado en el mundo del yoga.

Había leído mucho, pero no sabía qué tal escribía. Además de mi mamá, no había tenido otro lector y ella no era un público objetivo.

Entré en un salón donde me entrevistó una mujer. Me preguntó por qué quería ser escritora, después me dio una caja llena de papeles doblados, cada uno tenía escrita una palabra. Al desdoblar el primero, leí "aroma"; el segundo, "muerte". La mujer me dijo que escribiera tres páginas en veinte minutos sobre el aroma de la muerte. Me dio hojas y un lápiz, y se fue.

Estaba sola frente a seis hojas de papel blanco; de escribir un gran texto, dependía mi vida. ¿Qué pasaría si las gotas de lluvia que no deseaban caerse de la ventana de mi habitación en Ecatepec se unieran al caer? Y, desde el charco formado, se reflejara la luna, dando así origen a dos pegasos nacidos por ese reflejo: Caín y Dante.

Caín y Dante solían caminar juntos, cruzaban el espacio sin conocer el miedo. El espacio, un lugar fascinante que también alberga agujeros negros, puntos ciegos de olvido. Una noche, Dante cayó por la borda y vio lo que no debía ver: un mundo perdido, el planeta Tierra. Al regresar, la Muerte lo esperaba y le dijo: "No puedes ver el mundo sin estar en él. Te quitaré la carga de ser pegaso". Dante se resistió y pelearon, interviniendo Caín en la contienda. Dante quedó a medio camino entre humano y pegaso, convirtiéndose en un ángel.

Un ángel arrojado y triste. Caín perdió a su compañero. La Luna, enojada con la Muerte, se enfrentó a ella. La Luna, conocida también por su infamia, le quitó su aroma a la Muerte y se lo dio a Caín. La Muerte necesita su esencia, pues su aroma siempre precede a su llegada para llevarse a los vivos. Desde entonces, la Muerte debe rogar la compañía de Dante para cumplir su labor. La Muerte está condenada y Dante también.

Entregué mi texto y salí de la escuela con el corazón latiendo a mil por hora.

Caminé por la calle de Héroes del 47, acompañada por un pegaso y un ángel tristísimo; la Muerte siempre estuvo ahí.

Pide y se te dará

Llegué al hotel con la emoción de compartir la noticia a mi madre. Sabía que se alegraría, pero no estaba. No llegó esa noche, ni la siguiente. Su ausencia me llenó de preocupación y tristeza; lloré mucho.

Tres días después, me encontré sin dinero para pagar la habitación, y una angustia profunda me invadió. Llamé a Mónica y tuve que contarle la verdad. Se portó muy linda: fue a buscarme al hotel, me ayudó a pagar la habitación, me trajo de cenar y se quedó a dormir conmigo. Aquella noche rogué a Dios para que mi madre estuviera bien. Jamás he rezado por mí ni por mis propios sueños. Incluso ahora, cada vez que rezo, siempre es por los demás. Quizás, en el fondo, mi único anhelo sea que las personas que amo se encuentren bien. Lo demás me parece secundario.

El teléfono sonó, una mujer con voz dulce se presentó: "Hola, soy Ingrid, amiga de tu mamá, soy militante de Alcohólicos Anónimos desde hace quince años. Tu mamá me buscó ayer, parece que ya tocó fondo. El día de hoy ingresó al anexo. Te voy a dar mi dirección, nos vemos mañana y te platico qué vamos a hacer mientras tu mamá se recupera".

Al día siguiente, fui a casa de Ingrid. Tenía un departamento muy hermoso cerca del parque España. Me ofreció vivir en su casa, en el cuarto que solía ser de su hija.

Era una habitación muy bella, tenía una alfombra verde y un gran librero. Fue el regalo más hermoso que la vida me había brindado hasta entonces: un hogar, libros y la certeza de que mi madre estaba a salvo.

Durante dieciocho años no había tenido un descanso de cuidar a mi madre, del miedo y el llanto. Me senté frente al librero, cerré los ojos y di las gracias.

Máquina de escribir

Anaïs Nin afirma que las neurosis son obras de arte fallidas, energía desencaminada.

Escribir es mi ansiolítico. No escribo para publicar: escribo porque si no me muero. Me invaden pensamientos destructivos y estos, al igual que un terrón de azúcar en un hormiguero, me consumen con rapidez.

La siguiente semana volví a la Sogem y mi nombre no estaba en la lista de ingreso, pero me había quedado en el propedéutico. Al dirigirme a la dirección en busca de información, me encontré de nuevo con la mujer que me había entrevistado.

Me dijo que mi cuento había sido uno de los mejores, pero tenía muchas faltas de ortografía. A los cinco años me habían diagnosticado un alto grado de dislexia y la falta de educación constante no había ayudado en absoluto. Todo jugaba en mi contra para pasar el propedéutico, donde se nos pondría a prueba una y otra vez para ver si dábamos el ancho.

Estaba en desventaja ante cualquiera, pero estaba segura de que amaba la escritura y lo iba a intentar con toda mi alma.

Ingrid me prestó una máquina de escribir. Nunca estudié taquigrafía, la máquina de fierro era muy dura. Mis dedos son pequeños y sin fuerza. Prácticamente pasaba toda la noche despierta escribiendo una sola línea, escribiendo y borrando, y era tan feliz.

Gracias a las gestiones de mi papá y mi tío Chaco, el dueño de la disquera de mi papá accedió a darme dos mil ochocientos pesos mensuales. La escuela costaba dos mil quinientos. Con los trescientos que me quedaba me alcanzaba para el pasaje.

Mis días se volvieron hermosos. Obtuve una credencial para la biblioteca, leía en el parque, continuaba asistiendo temprano al templo y por las tardes iba a la escuela. Nunca me he sentido más poderosa como cada vez que atravesaba la puerta de la escuela, al subir aquel escalón de piedra de la Sociedad de Escritores.

Cada noche, mientras escribía, escuchaba una y otra vez el CD de piano de Michael Nyman; adoraba ese disco. Fueron días hermosos y noches tranquilas. Pasé el propedéutico y lo primero que hice fue solicitar una visita en el anexo para contarle a mi madre. La encontré muy delgada, con una fragilidad que nunca había visto; era el dolor a flor de piel, un dolor sin anestesia.

Me pidió perdón por primera vez en su vida, me juró que nunca volvería a beber, y yo me sentí la persona más afortunada del mundo.

Un novio

Y así, como suele ocurrir, el amor desvió el camino. Lo vi por primera vez en la sala de meditación. Era angelical, tenía ojos color miel y cabello largo dorado. Nos hicimos amigos y comenzamos una relación idílica. Nos reíamos mucho. Nuestras conversaciones giraban en torno a la filosofía, la espiritualidad, a la vida después de la muerte, a los extraterrestres.

Él quería ser médico ayurvédico. Su casa estaba llena de libros; prácticamente tenía todos los que yo quería y necesitaba para mis tareas. Los libros pertenecían a su padre, un poeta muy famoso, a quien yo admiraba, pero el señor no me correspondía el fervor.

Un día lo encontré en la calle y lo saludé tímidamente, más como fan que como la novia de su hijo. Me miró de arriba abajo y me preguntó si ya no iba a crecer más. Me sentí terrible. No supe qué responder, eso que él quería jamás se lo podría dar.

En ese momento me di realmente cuenta de que mi estatura podría ser un problema para algunas personas; decidí que él era una persona retrógrada y lo dejé pasar.

Había cosas con las que podía lidiar y otras con las que no. Recuerdo que vivía aterrorizada de que algo le pasara a mi novio. Cuando nos despedíamos, me inundaba un gran miedo al imaginar todas las cosas que podrían pasarle en el trayecto.

Cada vez que se alejaba de mí, sentía una angustia abrumadora; mi paz volvía una hora después cuando me llamaba por teléfono. En ese momento, estas eran las primeras señales de un trastorno obsesivo compulsivo.

"Ten a tu hijo"

Un día fui de visita al anexo para ver a mi madre. Me platicó que mi medio hermano se estaba comportando fatal y que mi tía había aparecido allí con el niño y le había dicho: "Ten a tu hijo, se porta terriblemente".

En un anexo no se puede tener niños, así que mi madre no podía hacerse cargo de él. Le suplicó a su hermana que le diera más tiempo. Mi tía insistía que no lo quería, que lo habían expulsado de dos escuelas. La logró convencer.

Por aquellos días, la amiga de mi madre que me hospedaba me dijo que ya había hecho mucho por mí, que era hora de que siguiera adelante por mi cuenta. Le pedí ayuda a mi tía Vainilla, ya que ella tenía mucho dinero, pero se negó y me aconsejó que considerara vender rosas con poemas. Así que no tuve más remedio que dejar la Sogem; no podía pagar la escuela, una renta y mantenerme con vida.

Un amigo del templo me rentó un cuarto de azotea, era increíblemente pequeño y sin ventana. Para llegar, debía subir siete pisos por unas escaleras de caracol. No tenía cama ni platos, el baño estaba fuera y no había agua caliente. Después de bañarme con agua helada, tenía que correr por toda la azotea envuelta en una toalla, tiritando de frío y muerta de risa.

Pinté el cuarto de blanco y le puse una alfombra azul. Una paloma comenzó a visitarme y me encariñé con ella, hasta que un día se cagó en mi alfombra nueva. Todavía tenía la tarjeta de la biblioteca, así que pasaba mucho tiempo leyendo, comía comida corrida y pasaba horas escribiendo a mano. El pegaso estaba al borde de la azotea, caminaba con el ángel y la Muerte. Escribía sobre ángeles y pájaros, amaba todo lo alado.

Además, en ese tiempo mi novio yogui me engañó con su compañera de escuela. Fin del sueño. Era lógico, ya que en el tiempo que estuvimos juntos nunca tuvimos sexo. Yo no quería, y por más espiritual que él fuera, un adolescente no dejaba de ser un adolescente.

Sin novio y sin escuela me sentía perdida. Dejé de ir al templo porque no me lo quería encontrar, la vida dolía muchísimo, y el llanto volvió como una ola mucho más grande.

No soy alguien que puedas rechazar,
antes ya me habré ido.
Aun en los ojos que me miran,
adivino los que se desviarán.
No me interesa otro dolor, que aquel con el que crecí.

La cama vacía

Mi mamá salió del anexo tras estar internada poco más de un año. Era una persona diferente: había subido de peso, su voz era muy dulce, había perdido ese acelere en sus movimientos y ahora era pausada.

Rápidamente encontró trabajo en una primaria y se fue a vivir a una casa de asistencia en la Condesa, porque AA estaba a unas cuadras y quería estar cerca de mí.

En Tamaulipas 99 se encontraba la casa de asistencia, un edificio de tres pisos con alrededor de veinte cuartos. Algunos de estos eran amplios y tenían tres camas. Se podía alquilar mensualmente una cama o un cuarto completo.

Mi mamá comenzó alquilando una cama, la cual estaba situada cerca de la ventana. La casa lucía descuidada; la mayoría de los espacios habían sido divididos con tablaroca para crear cuartos en los pasillos.

Las paredes vestían un tono gris de suciedad, y la luz también parecía sucia; era como si nunca llegara a iluminar por completo el lugar. Los focos parpadeantes daban la sensación de estar a punto de desfallecer. Tampoco había corrientes de viento, parecía que en aquella casa nada se movía, nada se secaba, nada se curaba. Era como una sala de espera.

La cocina se encontraba en la planta baja y era de uso común. Había una estufa oxidada, varias alacenas cerradas con candados, un refrigerador viejo lleno de tuppers y frascos de mayonesa reutilizados con guisados, todos etiquetados con nombres como Silvia, Verónica, Meche, Lurdes y Adriana.

La escasa luz producía un zumbido. El baño también era comunal. En las paredes había letreros en cartulina fosforescente con indicaciones como: "Jálale", "Recoge tus toallas sanitarias" y un recado escrito en una hoja que decía: "¿Alguien vio mi champú Pantene? Atte. Silvia".

En el cuarto de mi mamá había tres camas, una ocupada por una chica llamada Gina, que trabajaba en un banco y casi nunca llegaba a dormir, la otra cama estaba desocupada, y la de mi mamá. Mi mamá rentó la propiedad de la otra cama por si alguna vez quería pasar la noche con ella. Me negué a ese ofrecimiento, aunque la casa estaba infinitamente mejor que mi cuarto de azotea. No quería estar demasiado cerca de mi madre. La confianza no se recupera de un día para otro.

El cristal invisible

La Ciudad de México es maravillosa, tiene todo lo que uno puede soñar y necesitar; pero como todo lo maravilloso, tiene un tinte terrible. Es también una selva llena de animales espantosos. Hombres persiguiendo mujeres y niñas.

El peligro me rondaba como a la mayoría de las chicas que andan solas en la ciudad. Varias veces me siguieron hombres y me enseñaron sus pitos, me tocaron en el metro, me robaron en los camiones.

Una noche un coche me siguió. Fue aterrador, corrí como nunca. Al llegar a casa el coche se detuvo a unos cinco pasos detrás de mí, dos hombres bajaron. Logré cerrar la puerta, a una distancia de milímetros, como la de un cristal. Muchas no tienen la suerte de cerrar la puerta; muchas ni siquiera tienen una puerta.

En otra ocasión, me secuestraron junto a Mónica en un taxi de la calle, de los que eran vochos. Salimos del cine que estaba en El Plaza Condesa, que ahora está demolido. Se subieron al taxi dos tipos, uno se quedó de cuclillas frente a nosotras y el otro se sentó en medio de las dos y nos dijo que cerráramos los ojos. El hombre que se sentó con nosotras manoseaba a mi amiga, le decía que la violaría. Él trató de tocarme, pero había un cristal invisible que lo separaba de mí. No me tocó; a ese cristal lo llamo Dios.

Un cristal invisible que volvió imposible, más de una vez, que las fieras me devoraran. Ustedes pensarán que es mi mala suerte, pero no: esa es la realidad de la mayoría de las mujeres que viven en la Ciudad de México.

Un plato de comida

Mi mamá cocinaba delicioso, así que yo iba a comer con ella cada vez más seguido. Nos sentábamos a la mesa y platicábamos entre el zumbido de la luz. Me contaba sobre las chicas de la casa, y yo, que siempre he amado escuchar historias, me sentía fascinada. Después de comer, mi mamá limpiaba la mesa y guardaba el resto de nuestra comida en un tupper, con un postit que decía "Mireya".

Las huéspedes eran trabajadoras con todo tipo de oficios: empleadas de McDonald's, trabajadoras de limpieza, edecanes, oficinistas... hasta había una azafata. La mayoría de las mujeres eran de provincia y el dinero que ganaban con su trabajo lo mandaban a sus familias. Detrás de cada champú, detrás de cada tupper con una etiqueta, había una historia de una mujer que se esforzaba por salir adelante.

La encargada de la casa era una mujer llamada María. Era muy alta, muy delgada, usaba anteojos de mucho aumento, tenía los dientes grandes y separados, y tez morena con el cabello teñido de rojo.

Una noche cayó un fuerte granizo. Bajé del pesero en Nuevo León y corrí a la casa de Tamaulipas para refugiarme de las pedradas del cielo. Mi mamá me prestó ropa seca, me hizo de cenar, vimos *Friends* en el canal 5 y me quedé dormida en la cama extra.

Desperté a mitad de la noche. Ver a mi madre me enterneció y bajé las armas. Me había estado protegiendo de ella porque no quería creer que había cambiado, que permanecería sobria, pero aquella noche la vi: pobre ángel golpeado y dormido.

Eres la que todo me dio,
y la que todo me quitó.
El amor más grande,
el terror más profundo.
Nunca nada me pesó tanto
como cargar tu cuerpo
al borde del abismo.

¿De dónde sacas tanta esperanza?
Dime, quiero ir ahí.
¿Por qué nunca pude odiarte?
Me odié primero a mí.
Cada día te extraño y
cada día es más fácil sin ti.

Comencé a dormir varios días a la semana en la casa de asistencia. Gina, la otra huésped del cuarto, se mudó y mi madre aprovechó la oportunidad para alquilar todo el cuarto. Me ofreció mudarme con ella, así como encargarse de la renta y la comida, para que yo pudiera volver a la Sogem.

Al día siguiente, mientras corría en toalla por la azotea, me pareció que el rencor era un lugar helado y estrecho como mi cuarto sin ventana. Me mudé con mi madre y volví a la escuela. Volví a ser feliz.

Me gustaba ser una huésped más en la casa de asistencia. Era como vivir en un internado de puertas abiertas. A las seis de la mañana, las secadoras y los radios se despertaban, resonaban los tacones apresurados y el aire se llenaba de ráfagas de perfumes baratos, imposibles de ignorar; sonaba y olía a la vida. Los domingos, todas las chicas lavaban su ropa, peleando por cada espacio en los tendederos. Había un teléfono solo para recibir llamadas; los números estaban pegados con kolaloca para que nadie pudiera marcar. Junto al teléfono, había una hoja para anotar recados, pero nadie los anotaba.

Verónica, una chica de mi edad, era la excepción; era la única que se tomaba el tiempo de anotar los mensajes. Entre los recados estaba uno de mi abuelo paterno.

Decidí no detallar esta parte de mi vida, pero lo resumiré de esta manera: como ocurre en muchas familias, el dinero puede llevar a la gente a perder la cordura y los valores, atentando contra lo más valioso de la vida: las relaciones familiares.

Mi amada Vainilla, a quien amé incluso más que a mi propia madre, de repente comenzó a cuestionar mi filiación paterna, derivado de una disputa por dinero: una miserable herencia.

¿Cómo podía hacerme algo así? Mi padre me adoraba, toda su familia me reconoció y me protegió tras su muerte. Físicamente soy mucho más parecida a ellos que a mi madre, pero, más allá de eso, lo más importante es que Vainilla había jurado protegerme. Me dijo mil veces que yo era su alma gemela, su hija, su gran amor... ¿a dónde se fue todo ese amor?

Mi madre se enfureció y le exigió que se hiciera la prueba de ADN. Vainilla se negó y se armó un pleito en el que yo no participé; solo observé como quien ve una pelea de gallos sin apostar por ninguno.

Esto pasa mucho. Vivimos en un mundo físico donde nos enseñan que el dinero compra todo, pero viniendo de la persona que me había introducido a la espiritualidad, me pareció una putada.

"No estoy segura de que Amanda sea hija de mi hermano". Con esas palabras me destruyó la vida, me arrancó el corazón y lo aventó contra la pared. Yo no estaba cuando lanzó el hechizo, mi mamá me lo dijo junto con sus múltiples planes para obligarla a hacerse una prueba de ADN.

Recuerdo que no lloré. Estaba cansada de ser dulce y compasiva, de amar, de Dios. Mi exnovio y mi tía, los más devotos creyentes, me habían herido profundamente. Tomé mis libros de espiritualidad y los tiré a la basura.

Decidí que mi único dios sería la escritura. En ella encontraba más honestidad, más verdad en las palabras de Rilke y T. S. Eliot, que en toda esa basura religiosa.

Dios ha muerto

Dios... qué estupidez. ¿Quién puede creer que hay un ser detrás de todo esto? Si existe, es un miserable. La lección que me dejó la paloma era clara: todo el que entra a tu vida se caga en ella.

En la escuela no era popular. Solo Susana, actriz y bailarina, platicaba conmigo. Nos caímos bien desde el principio. Después de clases, los estudiantes se reunían en una cantina de Coyoacán. Las pocas veces que terminé allí fue porque Susana me invitó. Me limitaba a tomar cocacola, sin hablar, sintiéndome como un cero a la izquierda. Los observaba, desenvueltos y seguros. Aunque conocía todos los temas de los que hablaban, era incapaz de formular una palabra. Era como si la dislexia se acentuara y las palabras se desvanecieran de mi mente. Era muy tímida, no me sentía merecedora de estar entre ellos.

Finalmente, pedí un vino. El aroma del alcohol me recordó los ojos de mi madre, ese maldito brillo de la embriaguez. Entonces bebí rápido para no pensar y encontré el valor para interrumpir. Dije algo que provocó la risa de todos. Ese fue el principio del fin. Era más sencillo socializar con alcohol. Me volví divertida y maliciosa.

Pensé que para escribir había que vivir, así que llamé por teléfono a mi primer amor. Un músico que conocí a los dieciséis años y del que me enamoré porque hablábamos toda la noche de libros. Él tenía dos novias. Hubo mucho drama, unos cuantos besos... pero aunque le perdí la pista, nunca dejé de pensar en él. Se convirtió en el protagonista de mis historias de amor. No me importaba que no me correspondiera porque necesitaba inspiración, y aun teniendo novio, pensaba en él secretamente.

¿Es posible explicar por qué nos sentimos atraídos por personas que sabemos que nunca nos amarán? ¿Por qué nos arrojamos hacia el abismo? Los amores platónicos siempre han sido una gran parte de mi vida; es más fácil lidiar con una ficción que con una relación real.

Un día nos encontramos en una fiesta. Habían pasado siete años desde que nos conocimos. Tomamos unos mezcales y nos escapamos.

Hay cientos de personas que nos pueden gustar en el trayecto de la vida, pero pocas veces caen esos rayos cuya fuerza nos une al lado del otro. Ese instante maravilloso cuando le gustamos a alguien que nos gusta, cuando decide hablar con nosotros antes que con cualquiera. Cuando elige hablar con nosotros antes que con el mundo entero. Ese momento en el que, al mirar en sus ojos, descubrimos que nuestros propios ojos están brillando con su mirada, nos volvemos hermosos y queremos ser tan perfectos como el otro cree que somos.

Ese es el mejor momento: justo antes de comenzar.

No sé qué darte, solo tengo mi nombre.
Solo existo si me nombras.
Incluso tu ausencia es suficiente
porque la ausencia es la sombra de algo, algo que existió.

Desamor y alcohol

En el desamor, añada dos hielos y un poco de ron, y no serán tan amargos ninguno de los dos.

Tenía veintiún años y dejé la escuela tres meses antes de terminarla. Me compré unos vestidos con el dinero de la colegiatura. No comía, solo tomaba café, me decoloré el cabello y me lo pinté de azul.

En el Museo de la Ciudad de México, unos franceses ofrecían un taller de teatro gratuito. Me pareció más atractivo que la Sogem, en donde en el último año solo habíamos hecho análisis de libros. Tenían una técnica de improvisación que me pareció fascinante. Tuvimos un par de funciones en la sala Neza. Cuando terminó el taller, quedé encantada.

Después, encontré una escuela de teatro cerca de mí, pero resultó ser de Televisa. Su metodología era espantosa y no duré ni un mes. Entre los alumnos estaba Verónica, la chica que anotaba los recados en la casa de asistencia. Nos hicimos amigas no sé por qué, pero sí sé que con ella conocí todos los bares de la Roma y la Condesa, desde el Rexo hasta el Jacalito.

Estuve unos meses vagando, sin más motivación que maquillarme y salir a la Condesa en la noche. Aunque siempre había chicos tratando de ligarnos, no era eso lo que nos interesaba. Verónica quería batos con lana y a mí me gustaban inteligentes, así que solo eran chistes para reír al otro día en el desayuno.

Meses de perder el tiempo transcurrieron hasta que los directores franceses regresaron a México con la idea de montar una obra de teatro basada en el libro *Salón de belleza* de Mario Bellatin. Los ensayos se llevaban a cabo en Citlaltépetl 25, una hermosa casa que servía de refugio para escritores. Cuando conocí a Mario, quedé fascinada por él; vestía de negro, era enigmático, como un cuervo de una sola ala que volaba con perfección.

Allí me enteré de que, donde hacíamos los ensayos, pronto abrirían La dinámica de escritores, una escuela de creación literaria; los fundadores eran Philippe Ollé y Mario Bellatin. Si bien no fui seleccionada para la obra de teatro, eso ya no me importaba. Me obsesioné con la idea de formar parte de La dinámica de escritores. Era la primera generación de la escuela y decían que ingresar sería muy difícil.

La entrevista fue completamente distinta a la que tuve en la Sogem. Se sentía más como enfrentarse a un jurado donde tuve que explicar mi amor por la escritura y mis preferencias literarias. Y ocurrió un milagro: fui seleccionada.

El gran problema era que la colegiatura de La dinámica de escritores era muy costosa, casi el doble de lo que costaba la Sogem, y no podía pagarla.

Le platiqué a mi madre y me dijo que no me preocupara, que ella se encargaría. Pensé que solicitaría un préstamo en su escuela, pero más tarde supe que había hablado con Mario Bellatin para que le diera chance de pagar la colegiatura unas semanas después, cuando cobrara su sueldo. Me dio mucha pena, pero me presenté a las clases.

La escuela era todo lo que prometía y más. Éramos un grupo pequeño. Allí conocí a una chica muy inteligente y amorosa, Laia Jufresa, y nos volvimos muy amigas. Mi vida se volvió divertida y constructiva.

Por esos tiempos, mi mamá había conseguido un departamento, pero a los pocos meses mi tío Chaco, el hermano mayor de mi papá, falleció. Entonces mi mamá se fue a vivir unos meses a casa de mi tía, en Monterrey, para ayudarle con mis primos. Manolo tenía alrededor de dieciséis años, mientras que Mariana y María José aún eran unas niñas. Otra tragedia cayó sobre nuestra familia paterna.

Debido a ello, Laia y yo nos mudamos juntas. Teníamos dos gatos, uno llamado Entran y el otro Salem. Hacíamos nuestras tareas y tomábamos mucho café; éramos despreocupadas y felices. Laia me dejó entrar en su vida de manera generosa y se convirtió en mi gran amiga.

Laia no se llevaba muy bien con Verónica. No tenían nada en común; Verónica era superficial y mamona, mientras que Laia era intelectual y sensible, poeta. Pero a mí me caían bien las dos, porque en mí coexistían esas dos personalidades. Entonces el destino dio un giro drástico cuando conocí a un hombre que cambió por completo mi mundo, convirtiéndome en la mujer que soy ahora, para bien y para mal.

Fue un martes a las siete de la noche cuando Guillermo Fadanelli entró en mi vida. Era un personaje atípico; la mitad de la clase no logró entenderlo y algunos incluso se sintieron ofendidos, pero a mí me fascinó desde el principio. Después de la clase, nos invitó a todos al Xelha. Guillermo tiene la costumbre de poner a prueba a las personas con chistes pesados. Tras unos tequilas, me encontré riendo a su mismo nivel. Sin embargo, entre Laia y Guillermo no hubo química alguna.

Su clase se titulaba Héroes juveniles y consistió en tres sesiones. Para ese entonces, yo ya había asistido a muchas clases y conocido a numerosos escritores destacados, pero Guillermo era especial. Su carácter altanero, su extrema inteligencia y su humor me cautivaron. El último día del curso nos invitó a la presentación de su novela *Lodo* en el bar Lulú.

Aquella noche, Guillermo me presentó a personas increíbles: artistas conceptuales, músicos… era un universo completamente distinto. Bailé entre luces de neón con Miguel Calderón y Artemio. Después fuimos a otra fiesta. Era un mundo fascinante, todos se vestían increíble, eran atrevidos, irreverentes.

Alrededor de las cinco de la mañana estaba sentada en la mesa junto a Guillermo. Estábamos hablando y me dijo: "Me caes muy bien, chica, eres lista", y me extendió la mano. Y así fue como encontré a mi mentor y mejor amigo, una figura que se convirtió en un padre para mí.

Aquella noche marcó el inicio de cientos de encuentros en bares, casas, antros y cantinas, donde nos amanecíamos pegados a las rockolas. Un sinfín de personas iba y venía, pasaban cosas divertidas y terribles. Comencé a beber de forma compulsiva, como todos los demás; era común que perdiera los zapatos. Las fiestas se prolongaban días enteros. Jamás había reído tanto, ni me había sentido tan libre. Jamás había jugado, el alcohol me volvía niña, esa que nunca fui.

Dejé de lado a Laia y a Verónica. Me alejé de ellas. Verónica era una cabrona y mi relación con ella me importaba un carajo, pero Laia se merecía mucho más amor y respeto de mi parte, y no me porté bien con ella. Dejé de ser una buena persona. La bondad no era cool, yo quería ser parte de aquel grupo.

En las reuniones, había drogas, y muchas, pero yo me enganché con el alcohol; con ese olvido que me otorgaba, con ese silencio del dolor. Caí hasta olvidarme de mi propia alma.

La mayoría de aquellos artistas era gente rica. El ser amiga de Guillermo me permitió sentarme en sus mesas. La mente me daba vueltas rápidamente, les caí bien. Oculté mi historia porque sospechaba que a mis nuevos amigos les asqueaba la pobreza. Aunque lo ideal es relacionarnos sinceramente, al fin había sido invitada al cumpleaños, a ese al que no había podido entrar y esta vez no perdería la oportunidad.

Dejé de vivir con Laia y me mudé a la Condesa con K. Todas las noches salíamos de fiesta. Comenzaban a las tres de la tarde y terminaban tres días después.

Nos escondíamos del sol. Cerrábamos las cortinas para estirar la noche. Ese era nuestro poder: apagar el mundo y, cuando la gente dormía, salir de nuevo. Nos guiaba la rebeldía, ir contra las reglas. Apagar el mundo era, de alguna manera, otro camino espiritual.

En esa nube de distorsión, dejé de sentir y no me di cuenta de lo mal que estaba hasta esa noche terrible. Mi mamá había dejado de llamarme por varios días y yo, por andar en la peda, no la busqué.

Cuando regresé a mi casa, escuché el teléfono sonar desde las escaleras. Mi medio hermano, quien tendría unos catorce años, entre lágrimas, me dijo que mi mamá había recaído. Mi mamá, otra vez borracha, no logró cumplir lo que me prometió. No lo pude soportar.

Colgué el teléfono, entré al baño y el espejo me reveló una imagen horrible, me había vuelto aquello que más odiaba. Me serví un vodka, rompí el vaso e intenté suicidarme.

Aún conservo la cicatriz. Poca gente se enteró. Guillermo y Artemio me cuidaron. Pensaron que estaba haciendo un drama, que fue una mala peda, y lo era, pero también era real que había muchísimo detrás de eso.

Yo estaba enferma mentalmente. Había colapsado; después de aquel día lloraba siempre, lloraba en todas las fiestas. Llegó un punto en el que no podía estar sobria porque no soportaba el vacío, ese vacío del tamaño de Dios.

Me alejé de Dios para castigarlo, pero no pude olvidarlo. Eso es lo que pasa cuando alguien ha tenido una experiencia espiritual: no puede encajar de nuevo en el mundo. Podré negarlo todo, pero lo sentí: aquel amor, esa paz absoluta… es un peso muy difícil de cargar, la eternidad.

La espiritualidad, las oraciones y las meditaciones construían un hogar para mí y mantenían a mis demonios fuera. Cuando dejé de edificar esa iglesia en mi corazón y viví a la intemperie de la noche, me perdí completamente. La recaída de mi mamá fue simplemente la gota que derramó el vaso, pero el vaso ya estaba fisurado y al borde del abismo.

El alcohol fue una anestesia potente, cada trago adormecía una herida que parecía no cerrarse nunca. Estaba traumatizada, mi vida se rompió antes de comenzar. De hecho, antes de la muerte de mi padre, mi madre había mostrado su egoísmo —no hablaré de eso, de lo que tanto me duele, de lo que no podría escribir—. Después de seis años, no celebré un maldito cumpleaños. Fui testigo de cosas horribles. Fui golpeada en una mala noche de mi madre.

La mujer que prometió amarme y protegerme me rechazó por unos miserables pesos, por una herencia.

La herencia de un hombre que no me dio su apellido para no tener que cargar conmigo, para no tomar responsabilidad. Sí, esa es la verdad: no me dio su apellido para evitar pagar una pensión. No, ese no podía ser mi héroe, qué me importa su gran talento. Tan real como el amor que me dio, tan real como que también me dio la espalda.

Y de mi madre, ni hablar: me tuvo para retener a un hombre, para tener algo de él. Decía que me amaba, pero ¿qué tanto amor me tuvo si me dejaba con cualquiera para irse de fiesta? Eran todos unos egoístas. ¿Cómo era posible que tuviera que dormir en la calle cuando mis abuelos, tanto paternos como maternos, eran ricos? ¿Cómo es que nunca nadie pensó un poco en mí? Sobreviví de milagro a dos intentos de abuso sexual. Sobreviví por ese cristal invisible al que llamo Dios.

Mi grupo favorito

Toda la niebla en la que me fui sumergiendo borró los días. No sé exactamente cuándo dejé de escribir. Encontré un gatito en el Parque México y lo llamé Memo. Era lo mejor que tenía. No escribía más. La escritura requiere disciplina y un cerebro enfocado. K, Kelly y yo armamos un grupo musical llamado Mi grupo favorito. K era muy alta; Kelly, muy gringa, y yo, muy yo.

Nuestro amigo Zulu nos regaló la música, así que solo teníamos que ponerle letras y cantar. Guardo este recuerdo con ternura. Las tres estábamos sentadas, cada una con su libreta, intentando escribir nuestra primera canción. Entonces recordé que un tiempo atrás intentó ligarme un trailero. Lo conocí en un concierto de trolebús en la época que vivimos en Ecatepec y teníamos teléfono. Me llamó para invitarme a ir a Irapuato en su tráiler a recoger unas cajas de fresas. Me encantó la idea, pero mi mamá no me dio permiso.

Les dije a las chicas que hiciéramos una canción sobre aquel amor fallido. "Eres trailero de mi corazón, me abandonaste, no tienes perdón".

Les gustó la idea y todo iba bien hasta que K y Kelly completaron la canción. No estoy segura si realmente sus ideas eran malas, pero a mí me parecieron horribles, y la cuestión era que yo quería escribir la canción sola; conocía la historia y me frustraba que no se respetaran las reglas básicas de la estructura narrativa.

De repente, me encontré tomándomelo muy en serio. Más en serio que todas. Me sorprendió descubrir aquella pasión, esas ganas de perfección. Luego lo recordé: las canciones son ángeles. Componer entonces es darles estructura a esos ángeles: elegir el tipo de alas, el aura o el color que los definirá. Me pregunté qué deberían transmitir; saldrán de mi boca y volarán entre el aire. ¿Qué deben añadir a la vida? ¿Qué deben decir?

Las chicas solo querían divertirse, hacer rimas fáciles y salir del problema. Hicimos cuatro canciones o cinco. Nos presentamos en un bar arrabalero.

Algo divertido de Mi grupo favorito era que en cada canción usábamos un vestuario distinto en el escenario. Los trajes eran de velcro, diseñados por Anaís, "La Güera".

El día llegó

No importa el tamaño del escenario, ni el número de personas presentes, los escalones que te conducen a él siempre son maravillosos. En esa ocasión eran tres, casi al ras del suelo. Cuando los subí, algo que no era yo tomó control de mi cuerpo.

Me sentí increíble, llena de poder y fuerza; el escenario me daba una nueva existencia, donde mi historia desaparecía. Me convertí en la novia del trailero y él en el personaje principal de cada canción. Nunca había articulado con tanta seguridad y confianza. Me enamoré de las luces cegadoras que no me permitían ver al público ni recordar el pasado. Los aplausos endulzaron nuestro ego. Estábamos felices y borrachas.

Fadanelli estaba en una mesa del fondo. Me senté a su lado, nerviosa por su retroalimentación.

—Chica, naciste para hacer esto, mándalas al carajo y hazlo sola.

—¿Tú crees, Willy, tú crees?

—Estoy seguro, tienes ese don.

—Pero no canto, no bailo.

—Cantaste y bailaste, y yo no me equivoco.

Anhelaba la aprobación de Fadanelli, que me dijera que nací para escribir, pero hasta ese momento lo único que había leído mío lo había rechazado. Que le gustara tanto verme cantar me intrigó y fascinó. Rodeada de artistas conceptuales y escritores, yo sentía la urgencia por hacer algo y demostrar que era digna de permanecer en su círculo.

Mi grupo favorito se presentó en algunas fiestas y galerías. La revista *Moho*, de Fadanelli, cumpliría quince años y harían una fiesta muy importante. Fadanelli nos invitó a tocar.

Mi relación con K siempre fue complicada. No solo era mi compañera de grupo, sino también mi compañera de casa. Ella era unos diez años mayor que yo y había vivido una vida llena de privilegios. Su mundo era completamente diferente al mío.

Una parte de mí la admiraba y deseaba su aprobación, pero otra no la soportaba; me parecía mimada y desubicada. Ella experimentaba lo mismo conmigo. Yo le parecía maleducada, y lo era; le parecía corriente, y lo era; y, como ella misma dijo: "muy ñerita". Era cierto: por más que me esforzara, me salía el cobre. Casi todo el tiempo era así, nos amábamos en la peda y nos odiábamos en la cruda. El conflicto era cotidiano en nuestro círculo: lleno de hipocresía, hablábamos mal unos de otros y las amistades se rompían más que los vasos.

K y yo éramos igual de reventadas. Casi todas las semanas hacíamos fiestas en nuestro departamento y mientras fueran sus amigos todo estaba bien. Pero, por otra parte, K y Fadanelli nunca se llevaron bien. Una noche, después de estar en la cantina El Centenario, decidí que debíamos continuar la fiesta en mi departamento. Fuimos al Oxxo a comprar unas botellas, éramos entre cuatro o cinco personas. Nos sentamos en la sala y, antes de que pudiéramos dar el primer trago, K apareció con los pelos de punta y un kimono rosa, y nos corrió de la casa.

Fadanelli, que no es alguien a quien se pueda correr o hacer un desplante sin pagar una consecuencia, se levantó tranquilamente, recogió las botellas y me indicó que nos fuéramos. Y antes de salir, se dirigió a K y con una mirada fulminante le dijo: "Ya no estás invitada a tocar en mi fiesta" y cerró la puerta.

Más tarde, en su departamento en la Escandón, le supliqué que nos dejara tocar. Guillermo tomó un sorbo de su caballito y me dijo: "Chica, tú eres todo lo que necesito en el escenario. Encárgate tú. ¿Acaso no puedes hacerlo?".

Sin dudarlo, le respondí: "Sí, puedo hacerlo".

Moho

En una semana compuse cuatro canciones. Me puse un elegante vestido de terciopelo negro, un collar de perlas y medias rosa fosforescente. El lugar tenía candelabros y sillones de piel; estaba repleto de gente, gente que para Guillermo era importante y, por lo tanto, para mí también. Subir al escenario. Subir a esa tierra sagrada. La sensación de cantar sola fue abrumadora. Esta vez, me atreví a mirar a los ojos de la gente. Hacer reír a las personas crea un vínculo, es otra forma de comunicación. La risa son los tacones de la felicidad.

El bajón

Mi grupo favorito se deshizo poco después. K y yo nos peleamos y me quedé sin casa. No tenía trabajo ni dinero suficiente para rentar un departamento. Le pedí a Artemio que me dejara dormir en su sillón. Me mudé al cuarto de televisión en la casa de Carlos Narro, padre de Artemio, mientras mi gato Memo permanecía encerrado en una bodega.

Todo empezó a desmoronarse. Me sentía como un parásito, sin nada propio, ni trabajo, ni casa, ni ganas de hacer nada. Había conflictos en la mayoría de mis relaciones; las personas que antes adoraba ya no querían ni verme. Se habían dado cuenta de que yo no era como ellos, que no era una niña rica. Si lo fuera, no estaría viviendo con Artemio.

Recuerdo que un día me levanté de la mesa del Covadonga para ir al baño. Una amiga me alcanzó y me dijo que, al levantarme, todos empezaron a hablar mal de mí, excepto Fadanelli, quien me defendió. Volví a la mesa y continué bebiendo porque no sabía qué más hacer.

Después de estar en casa de Artemio, renté el cuarto de azotea de una amiga de él, Marion. Subí sola las cajas de mis libros y mi enorme computadora, y en una bolsa cargaba a mi gato, que no paraba de maullar. Lloré por horas. No podía creer que otra vez me encontraba en una azotea, otra vez sola.

El cuarto era tan pequeño que se convertía en un ejercicio diario de logística. Durante el día, sacaba la mayoría de las cosas para tener un poco de comodidad, y por las noches reorganizaba todo para poder descansar.

Nunca logré acomodar ese cuarto, mi ropa estaba en bolsas de basura, mis libros en el piso, tampoco lograba acomodar mis ideas. Me sentaba frente a la computadora y no lograba escribir nada, mis ideas se habían borrado. ¿Sobre qué debería escribir? ¿Sobre las personas ricas con las que me vinculaba? ¿Sobre las fiestas de arte y los chismes? Así que terminaba haciendo lo que siempre hacía, me iba de fiesta. Solo volvía para alimentar a mi gato.

Después de un par de días, mi gato estaba histérico, aventándose contra las paredes del cuarto. Me quedé en la puerta mirándolo, me sentía tan atrapada como él.

Llené sus platos y volví a salir. Esa vez terminé en una fiesta en la casa de una chica que nunca me quiso y a mí nunca me cayó bien. Allí me comí unos hongos. Durante el viaje solo podía pensar en mi gato, en su desesperación; observé el departamento, la gente… todo era tan decadente y horrible como yo.

Salí de la fiesta a las once de la mañana del día siguiente. Fui por mi gato y lo llevé al veterinario, una vez ahí le pregunté cómo lo podía sedar. El veterinario me vendió unas pastillas para Memo y me fui a la central camionera.

Tampico

El viaje de la Ciudad de México a Tampico duraba diez horas en autobús. Escondí a mi gato Memo en mi bolsa de mano. Sobre él coloqué ropa interior, pensando que, si alguien revisaba la bolsa, se sentiría incómodo y dejaría de indagar.

Tres horas antes de llegar, Memo se despertó y comenzó a maullar. El chofer escuchó y detuvo el autobús para averiguar quién llevaba un gato. Desesperada, le supliqué que no nos bajara. Mis lágrimas lo convencieron y finalmente llegamos a Tampico. Memo salió de la bolsa un poco drogado, pero estaba bien.

Mi mamá estaba feliz de verme. Su casa era pequeña y bonita, tenía dos recámaras y sala comedor. Daba clases y parecía estar bastante bien. Mi hermano pasaba la mayor parte del tiempo con sus amigos o encerrado en su cuarto, pero eso, según decía mi mamá, es normal en los adolescentes.

También tenía una máquina de coser. Con ella, me hacía crinolinas y vestuario, alimentando mi sueño de regresar algún día al escenario. Fantaseaba con lanzar un proyecto increíble y volver a captar la atención de aquellas personas que ya no me valoraban. Mi ambición era hacerme artista para que los artistas me quisieran de nuevo.

Sin embargo, no tenía música, así que compré unos discos de karaoke con pistas de artistas como Dr. Dre y Julio Jaramillo. Componía mis propias letras y creaba canciones. Mientras mi mamá y mi hermano dormían, me adueñaba de la sala y ensayaba frente a un espejo.

El tiempo en Tampico transcurría muy lentamente. Era extraño y triste estar allí sin mantener contacto con mi familia paterna, así que decidí tomar la iniciativa y llamar a mi tía Vainilla. Aunque ella había negado ser mi tía, lo cual me había partido la madre, podía perdonarla, de la misma manera que había perdonado a mi mamá tantas veces.

Cuando me encontré frente a ella, me di cuenta de que la amaba tanto como siempre. Me dijo que ella me amaba, que lo que había ocurrido no tenía nada que ver conmigo, que fue un impulso en contra de mi madre. Insistió en que no dejáramos que nada nos separara, que éramos almas gemelas y que yo era su hija. Sus palabras fueron justo lo que necesitaba para reconstruirme.

La visitaba todas las tardes y me prestaba su computadora. Logré escribir tres relatos: *Tres naranjas*, *Generación Vips* y *Ronald McDonald's*. Se los envié a Guillermo, con quien me escribía semanalmente. No era la primera vez que le enviaba un relato y siempre los rechazaba, pero esta vez fue diferente. Me dijo que *Ronald McDonald's* le encantaba tanto que lo publicaría en su revista.

Ese día, antes de llegar a la casa de mi madre, me desvié a la explanada de luz para ver el atardecer. Me sentía feliz; finalmente, sería publicada. Retomé el hábito de leer y escribir; la imaginación se echó a andar. Escribía y componía canciones.

Recordé que Caín, un amigo de mis padres, tenía una galería donde, además de ofrecer talleres de pintura, también impartían cursos de escritura. Sin pensarlo, me inscribí. Allí me reencontré con Manuel, un conocido de la infancia, quien es hijo de una amiga de mi mamá que había muerto. Compartimos recuerdos del pasado, el duelo y que no teníamos nada que hacer.

Su casa estaba cerca de la de mi tía. Manuel vivía con su padre y su hermana. Yo los quería muchísimo, porque los conocía desde niña y ellos me trataban con amor. "Es arquitecto, es muy guapo y le encanto... pero chale, hablar con él es como tomar una cerveza caliente, de esas que te tomas porque la tienes en la mano", escribí en mi diario. Y aun así estuve con él todo el tiempo que permanecí en Tampico.

Por otra parte, mi mamá bebía a escondidas, y lo que más me enojaba era que pensara que yo era tan estúpida que no me daba cuenta. Pero aunque se llenara de agua de colonia y se lavara los dientes, yo podía reconocer desde lejos aquel brillo horrible que inundaba sus ojos, esa sonrisa sin motivo, esa carita de loca. Ya no me interesaba perder más tiempo intentando terapearla. "Que haga lo que quiera", pensaba, y me escapaba a la casa de mi tía para pedirle prestada la computadora y seguir escribiendo relatos.

Nada desequilibraba más a mi madre que estar cerca de mi tía. "Si tanto te quiere, que te dé la prueba de ADN", repetía una y otra vez. "Dile que vayan al laboratorio, que ella sabe que miente".

Mi mamá, quien nunca se hacía responsable de su alcoholismo, prefirió pensar que la razón por la que yo no quería estar en su casa era porque era un lugar pequeño. Con la astucia que la caracterizaba, en cuestión de meses consiguió un mejor trabajo y rentó una casa muy grande en una de las mejores colonias de Tampico. Era una casa amarilla muy bonita; tenía tres pisos, cinco recámaras y cuatro baños.

"Las paredes son blancas, así como te encantan. La conseguí para ti", me dijo mientras me entregaba las llaves. Mi cuarto era enorme, rodeado de ventanales. Todo era hermoso, pero aquel lugar no me transmitía paz; prefería pasar el tiempo en casa de mi novio. Esto molestaba a Vainilla, quien deseaba toda mi atención y que estuviera todo el tiempo con ella.

No soporto el control. Crecí sin reglas y, a mis veinticinco años, ya era demasiado tarde para que se me impusieran horarios de llegada. Me sentía asfixiada. Los meses que viví a su lado me sirvieron para darme cuenta de lo diferentes que éramos. El idilio terminó; dejé de admirarla, dejé de querer pasar tiempo con ella. No soportaba su forma de hablarme, el color de sus uñas, los anillos en sus dedos, dedos con los que señalaba todos mis errores. Me minimizaba todo el tiempo. El tiempo a su lado era como caminar en un campo minado.

La casa amarilla

Un fin de semana mi tía se fue a tomar un curso, así que aproveché para visitar a mi madre en la casa amarilla. Lo que más abundaba ahí eran las plantas. Mi mamá estaba feliz de recibirme.

Mientras cocinaba, subí a mi cuarto para instalarme. Al abrir el armario para guardar mi ropa, encontré un grafiti horrendo rayado con pintura negra. Luis había garabateado la pared sin razón, en mi espacio. Fui a su habitación y le grité un par de veces. Me azotó la puerta en la cara y poco después se marchó.

Mientras cenábamos, le pregunté a mi madre por Luis, la razón por la que no estudiaba y por qué no hacía nada de su vida. Ella lo justificó diciendo que era solo un adolescente, aunque la realidad es que era complicado establecerle límites porque ella misma no los tenía. Evadió la conversación, se levantó y me ofreció un pay de limón. Terminamos cenando en silencio y nos quedamos dormidas viendo la televisión.

Aproximadamente a las seis de la mañana, sentí una presencia junto a mí. Era Luis hurgando en mi bolsa. "¿Qué estás haciendo?", le pregunté. Se giró hacia mí. Su expresión era la de un demonio; de un brinco se lanzó sobre mí. Es muy alto, así que me inmovilizó con facilidad. Nunca olvidaré sus ojos, rojos como la sangre, sin pupilas visibles, era la mirada misma del diablo. Estaba furioso y claramente drogado. Levantó su mano y cerró el puño, parecía una fiera descontrolada.

Fue el momento más aterrador de mi vida. Creí que me mataría. Entre lágrimas, lo único que pude decir fue: "Te amo". Una y otra vez repetí esas palabras, "Te amo, te amo". No era mentira, lo amaba, las palabras fueron como un escudo. Cada vez que las pronunciaba, desviaba sus golpes. Solo me alcanzó un rasguño.

Se detuvo. Un grito desgarrador escapó de su boca, un grito que resonó con el dolor de un alma destrozada. Salió del cuarto y comenzó a golpear las ventanas, rompiéndolas todas. Las paredes se mancharon con la sangre de sus manos; golpeaba los cristales para no pegarme a mí.

Mi madre y yo nos encerramos en el baño. Desde allí, llamé a la policía. Mi hermano se había convertido en un animal descontrolado dentro de la casa amarilla. Cuando llegó la patrulla lo llevaron a la cárcel por un día. ¿Y después, qué pasaría?

Esa noche marcó el inicio de una larga y dolorosa historia de amor. Amar a un adicto es tremendamente desgarrador. Volví a casa de mi tía y me di un baño. No estaba enojada, sentía una profunda compasión por él. Nunca fue tan fuerte como yo, necesitaba amor. Yo pude, sin amor, volverme amorosa, él no.

Le escribí a Fadanelli y le conté todo. Sus palabras me reconfortaron. Me aconsejó regresar a la ciudad y alejarme de todos ellos, que volara sola. Siempre me decía lo mismo, que hiciera las cosas por mi cuenta. Mi tía me dijo que mi madre podría quedarse a dormir con nosotras. Cuando llegó, mi tía la abrazó; mi madre estaba en shock. Yo también lo estaba, pero tenía que ser fuerte, no podía quebrarme. Al día siguiente, cuando todos estaban dormidos, fui a limpiar la sangre de la casa y a recoger los vidrios.

Sola, en medio de esa casa inmensa, ordenando todo lo que Luis había roto, pensé que lo había roto porque él estaba roto, porque mi mamá lo había roto, porque ella estaba rota.

La vida nos había destruido a todos y yo lo único que sentía era un amor indescriptible por los dos. Quería protegerlos, quería cuidarlos, anteriormente de las calles, de los demás, pero ¿cómo protegerlos de ellos mismos?

Mientras limpiaba, lloraba con una inmensa tristeza y me repetía: "Un día contaré esta historia". Aunque los pisos quedaron impecables, las paredes y los cristales no volvieron a ser los mismos, ni yo. Entendía que Luis era como un pájaro sin alas y me dolía profundamente todo el dolor que vi en él.

Esa noche fui al cuarto de computación, pero no prendí la computadora, estuve un par de horas frente al monitor sin moverme. Al levantarme, vi en el librero aquel libro azul, *Un curso de milagros.* Lo saqué del librero y, cuando lo tuve en mis manos, supe que era algo muy importante. Es un libro grande, parecido a una biblia; lo miré un rato sin abrirlo y lo guardé de nuevo.

Tamaulipas

Escapar a la casa de mi novio era lo mejor que me podía pasar. Hasta que una noche, mientras dormíamos, todo cambió. En la madrugada me desperté por el ruido de los motores de unas camionetas que frenaban abruptamente. Unos malandros descendieron de los vehículos y comenzaron a arrojar enormes piedras, rompiendo los cristales de la casa.

Aterrorizados, sin saber qué hacer, nos pusimos pecho tierra. Resultó que unos narcos habían tenido una bronca con el primo de mi novio, quien vivía en la planta baja.

La paz se fue, pero a pesar del peligro latente, del miedo de que los narcos volvieran e incendiaran la casa, yo seguía prefiriendo quedarme ahí que soportar las pequeñas y constantes agresiones psicológicas de Vainilla.

Mientras tanto, mi mamá estaba muy deprimida por todo lo de Luis. Dejó de trabajar, dejó de pagar las cuentas, suspendieron la luz de la casa amarilla. Lo que había sido una casa preciosa, se había vuelto una caverna que alojaba los recuerdos más infernales. Mi hermano estuvo unas semanas en un centro de rehabilitación. Cuando salió se fueron a vivir los dos ahí, en la oscuridad, con las ventanas rotas.

¿Qué objeto tiene el pasado?
Cargar con todo esto.
Cargar con esta casa oscura.
¿Qué soy yo sin todo esto?
No sé por qué estoy escribiendo esto,
no sé qué objeto tiene visitar esos lugares,
no sé si esto es una tremenda equivocación.
Quiero escribir cualquier cosa en este momento,
menos escribir esto, haber vivido otra vida, la que sea,
[no la mía,
me gustaría tener otra historia que ofrecerles.

Central de autobuses

Compadezco a quien no es capaz de amar.
¿No es acaso el más pobre del mundo?

Fui muy fuerte durante esa época: no lloraba. En vez de eso, salía a caminar, mi gato Memo me acompañaba unos metros y luego se regresaba solo. En esas caminatas me gustaba practicar mis canciones; me refugiaba en la fantasía de algún día tocar en escenarios grandiosos o en un festival como el Vive Latino.

El mundo que había construido era solo mío y creía que el reconocimiento me daría seguridad. Un mes después del evento en la casa amarilla, mi mamá y Luis recayeron; ella en el alcohol y él en las drogas.

La experiencia traumática parecía no haberles servido de nada. Todos hacían lo que querían; eran adultos, y yo también lo era: en medio de un huracán de adicciones e insultos, decidí cuidar de mí misma. Le dije a mi novio y a mi tía que solo me iría a México unas semanas, pero yo sabía que no volvería. Me despedí de mi gato, que se quedó en la casa de mi mamá, a ella le encantaban los gatos. Empaqué mis cosas para irme de Tampico. Por última vez, me senté en el área de la computadora. Saqué el libro azul del estante y me acomodé en el escritorio para leerlo.

INTRODUCCIÓN

1. *Éste es un curso de milagros. [2]Es un curso obligatorio. [3]Solo al momento en que decides tomarlo es voluntario. [4]Tener libre albedrío no quiere decir que tú mismo puedas establecer el plan de estudios. [5]Significa únicamente que puedes elegir lo que quieres aprender en cualquier momento dado. [6]Este curso no pretende enseñar el significado del amor, pues eso está mucho más allá de lo que se puede enseñar. [7]Pretende, no obstante, despejar los obstáculos que impiden experimentar la presencia del amor, el cual es tu herencia natural. [8]Lo opuesto al amor es el miedo, pero aquello que lo abarca todo no puede tener opuestos.*

2. *Este curso puede, por lo tanto, resumirse muy simplemente de la siguiente manera:*

[2]Nada real puede ser amenazado.
[3]Nada irreal existe.

[4]En esto radica la paz de Dios.

Cerré el libro con una sonrisa. "Nada real puede ser amenazado". Esa terminología me recordaba a la filosofía hinduista que afirma que este mundo es una ilusión, un sueño, *maya*. *Maya* es un concepto hinduista que representa la ilusión o el "velo" que oculta la verdadera naturaleza de la realidad. La palabra *maya* significa "engaño" o "ilusión" en sánscrito. Me pareció muy extraño ver ese concepto en un libro aparentemente cristiano y encontrar también palabras con referencias psicoterapéuticas.

Sin más, me dirigí rumbo a la terminal de autobuses. Me fui de Tampico con la misma bolsa con la que había llegado, pero esta ocasión, en su interior, en vez de cargar con el gato, estaba el pesado libro. Cuando llegué a la Ciudad de México, en algo había madurado, ya no quería ir a fiestas y volver a holgazanear.

Una amiga de otra amiga me dijo que las agencias de publicidad daban chamba a personas creativas, me rolaron un contacto y una dirección en Polanco. Llegué con mis tenis sucios al edificio de cuatro pisos de Walter Thompson, una de las agencias de publicidad más reconocidas. Llevaba un fólder con mis cuentos y otro con mis canciones. Me contrataron para recibir entrenamiento y, solo por eso, me pagarían tres mil pesos al mes, lo cual para mí era una fortuna. Al sumar esa cantidad a los dos mil ochocientos que ya recibía, obtenía un total de cinco mil ochocientos pesos mensuales. Con ese ingreso podría tener una vida digna.

Era prácticamente rica. Podría vivir bien mientras elaboraba el plan para convertirme en artista. Primero lo primero, necesitaba encontrar un hogar. Estaba exhausta de dormir en diferentes lugares, cargando mi cepillo de dientes en una bolsita de plástico. Mis amigas me ofrecían su sofá por las noches, pero durante el día me encontraba siempre vagando por las calles, lo que me traía recuerdos de la infancia.

En una caminata encontré un folleto en un teléfono público que anunciaba: SE RENTA HABITACIÓN PARA MUJER SOLTERA EN LA CASA DE UNA ESCRITORA. CUARTO INDEPENDIENTE CON BAÑO. La renta era de dos mil ochocientos pesos exactos. Decidí visitar el lugar de inmediato. La escritora, llamada Rosa, vivía en un hermoso departamento lleno de plantas, ubicado sobre uno de los bares a los que solía ir con Fadanelli. Rosa, que vivía con su hijo, me trató de maravilla.

El cuarto que alquilaba no era completamente independiente, para acceder a él había que atravesar el departamento principal. Contaba con su propio baño e incluso con una grabadora con reproductor de CD. Era un espacio pequeño, pero perfecto para mí.

Cerca del metro Chapultepec, compré un par de discos pirata. Entre ellos uno de relatos budistas. La primera noche dormí escuchando mi audiolibro, sintiéndome útil y valiosa por primera vez en mucho tiempo. Pensé que se avecinaban días más sencillos, tenía un hogar y un empleo. Pero me equivoqué, una vez más.

Durante las semanas que me instalé decidí no revisar mi correo electrónico para no distraerme. Necesitaba tiempo para procesar todo lo que había sucedido en Tampico. Cuando lo abrí fue abrumador. Tenía muchos, muchos, correos electrónicos de Vainilla. Me sentía exhausta de ella, ya que en Tampico ocurrieron varios incidentes que prefiero no mencionar. Sé que añadirían más dramatismo al relato, pero la vida me ha enseñado que hay circunstancias cuya repetición denigra más a quien las repite que a quien las hace.

Lo que puedo decir es que el amor se fue apagando. Cada acontecimiento lo fue matando. Internamente me alejé, no pude evitarlo. Le respondí con buenas noticias, le dije que ya tenía trabajo y casa, que había avanzado enormemente. Pensé que estaría orgullosa de mí. Le di el teléfono de mi trabajo.

Me llamó al día siguiente para decirme que, ahora que tenía trabajo, ya no necesitaba las regalías de mi papá, que mi abuelo y mi tío Chaco habían dispuesto para mí durante años. Me contó que ellos habían firmado un documento transfiriendo la totalidad de la herencia de mi padre a ella. La última vez que vi a mi abuelo, él estaba prácticamente en el umbral entre la vida y la muerte.

Esas palabras cayeron como una espada filosa sobre mi corazón. Recuerdo estar de pie frente a los escritorios de la agencia, sintiendo un escalofrío recorrer mi espalda. No era por la pérdida de dos mil ochocientos pesos, sino porque ese acto confirmaba todo lo que durante años había dicho mi madre acerca de Vainilla: que no me quería, que solo estaba cerca de mí porque un día me lo quitaría todo.

Pasé por muchas cosas lamentables, pero el momento más doloroso de mi vida fue cuando ella negó que yo era de su familia. Esa declaración me quitó todo porque, aunque yo no tenía una casa física, poseía un hogar interno: mi identidad. Ser expulsada de allí fue desgarrador. Esto provocó que me enojara con mi gran amor, mi padre, y al tratar de dejarlo de amar, me fui muriendo porque siempre he necesitado amar, incluso más que sentirme amada.

No entendía por qué mi padre no me había reconocido. Repasaba mentalmente todas las veces que lo vi y me preguntaba por qué, siendo tan amoroso, no me había dado su apellido. ¿No es acaso el apellido un hogar para las mujeres? Soy hija de, esposa de; es casi como decir que vivo en tal dirección. Me resultaba muy vergonzoso que la gente supiera que no tenía apellido y eso comenzó a borrar los momentos de amor entre mi padre y yo. Su abrazo, su plática, todo se difuminaba ante mi enojo. Lo único que podía pensar era por qué mierda no me dio su apellido.

Por años vi a mi mamá luchar por la obra de mi papá, y luego a mi tía; vi a tantos de sus amigos y gente que no lo conocía hablar sobre él. Leí muchas calumnias y mitos sobre mi padre. Era la imagen de miles de pájaros de carroña revoloteando en un basurero donde quedaba un trozo de pastel. Yo no era como ellos, yo no lucharía por una propiedad ajena.

Le pedí muchas veces la prueba de ADN a mi tía: en persona, en correo, por teléfono, se lo supliqué y ella se negó. Tengo los correos electrónicos donde me dice que nunca me la va a dar. No quería, decía que no la podía obligar, aunque algunos abogados que mi madre consiguió decían que sí se podía.

Yo jamás podría obligar a nadie a nada. Y la diferencia entre ella y yo es que para mí el dinero vale madres, las regalías valen madres; lo único que quería de ella, lo que más necesitaba de ella era amor y protección. Yo le pude haber dado las regalías si no hubiera negado que somos familia, yo jamás la habría desamparado. Los abogados recomendaron hacer una exhumación. No imagino hacer algo tan bajo como sacar a un muerto de la tumba para reclamar algo que, en vida, no me quiso dar.

Siempre he sabido irme de donde no me quieren. Y si había que luchar en esta vida por algo sería por mí. Al final de cuentas, mi padre se murió sin testamento, no registró su música ni a su hija. Si esa fue su voluntad, había que respetarla.

Acababa de cobrar mi último mes de la ayuda de mi papá. Con ese cheque, me di la tarea de registrar mis canciones y mis cuentos. Llegué al viejo edificio de derechos de autor con mis copias fotostáticas en mano. Mientras esperaba en la fila reflexionaba sobre la importancia de los registros. Si yo no registrara una canción de mi autoría, cualquiera podría robarla, pero seguiría siendo mía. Mi padre no me registró, ni tampoco a sus canciones, pero ambas seguimos siendo suyas.

"Ay, papá, ¿qué voy a hacer ahora?", pensaba. Entonces tuve mi respuesta. Mientras avanzaba lentamente en la fila, vi en un escritorio entre formularios algunos folletos de restaurantes y, entre ellos, un montón de hojas poco llamativas, simples fotocopias. Salí de la fila y tomé una que decía: "¿Tienes música? Yo hago música para ti: cumbia, merengue, reguetón, salsa. $500 pesos la pista. Llama ahora".

Las canciones

> *Hacer canciones para hacer reír*
> *Hacer algo por los demás,*
> *hacer algo por mí.*

José Luis y yo quedamos de vernos en la estación de metro Copilco. Recuerdo estar sentada en el piso, cerca de los torniquetes, cuando lo vi. Era un joven sencillo, con cabello chino y una sonrisa amable; su energía era bonita.

Salimos del metro y tomamos un pesero. El pesero se adentró en las estrechas calles de un barrio pobre y desconocido para mí. Treinta minutos después, me pareció una locura estar junto a un completo desconocido, rumbo a quién sabe dónde, pero ya era muy tarde para retroceder. En el pesero sonaba "Los caminos de la vida". Mi mente volvió a aquel día en que salí del infierno junto a mi mamá. Durante el tiempo que viví en las unidades habitacionales, escuché cumbia involuntariamente;

sonaba en todos lados, en cada camión, en los peseros, en los tianguis, atravesaba puertas y ventanas de los vecinos. Me gustaban sus historias, me parecían una genialidad. "La cumbia del borracho", "La cumbia del afilador". Alguna vez compré un disco pirata con cincuenta cumbias, lo escuchaba cuando estaba sola, porque a mi mamá rockera no le gustaba.

Sentada en la ventana del microbús, contemplé con atención el taller mecánico, las señoras que hacían fila en la tortillería, los niños uniformados de pantalones grises y suéter verde, la gente en la parada del autobús. Me reconocí en cada uno de ellos y comprendí que aquello que quise esconder, mi pobreza, era lo que más valor le daba a mi vida. Recuerdo una frase de Walser: "Soy pobre y lo pretendo seguir siendo por mucho tiempo".

Ver la vida con los ojos de la cumbia es un espectáculo más impresionante que cualquier obra de arte conceptual expuesto en una galería mamona; obras en su mayoría indescifrables y caras para esconder su falta de valor. Pensé que para escribir canciones no tenía que inventar historias, solo tenía que recordarlas.

La cumbia siempre me dibujó una sonrisa. La cumbia y sus historias de amor. La cumbia, poesía en acción. Cumbia, manos que construyen edificios, que cargan costales, y se entrelazan con manos, que lavan ropa a mano, se unen para bailar.

Admiro a los que escuchan cumbia porque están más contentos con la vida. Y yo soy más de la cumbia que del rock, porque uno es de donde es feliz. "Cumbia, quiero que ese sea mi sonido", le dije a José Luis.

Al bajar del pesero caminamos unas cuadras porque la calle estaba cerrada; estaban instalando luces y bocinas para una fiesta sonidera. Esto me hizo recordar mi niñez, cuando algunas veces terminábamos en fiestas sonideras. Había comida, pastel y más niños. Era infinitamente mejor estar allí que en la cervecería del Chopo. La cumbia siempre ha traído alegría a mi vida.

Llegamos a la casa de José Luis, un lugar bonito, humilde, lleno de vida, había juguetes esparcidos por todos lados. José Luis me presentó a su esposa y me guio a su estudio. Un espacio pequeño, casi diminuto, con techo de lámina y las paredes tapizadas con cartones de huevos para aislar el sonido.

Prendió la computadora y me preguntó qué quería hacer. Mi presupuesto solo daba para dos rolas. Abrí el cuaderno al azar y elegí: "Metrosexual" y "La microbusera". En tres horas, José Luis hizo la música, grabamos un demo y me quemó un CD con las pistas para poderlas cantar en vivo.

José Luis me acompañó a la parada del pesero. De las cosas más chingonas que le pasan a un proletario es encontrar lugares desocupados en el transporte. Recuerdo que saqué de mi bolsa el CD y lo contemplé. ¿Sería acaso la manija que abriría el futuro?

A todo volumen sonó una rola de Cañaveral. Esa canción me regresó a Ecatepec. Me sentí agradecida de estar tan lejos de la ruta por la que transitaba a los dieciséis años. Seguía sola, seguía en un microbús escuchando cumbia, seguía sin dinero y sin casa, pero ya no me oprimía aquella desesperación. En su lugar tenía un sueño, tenía dos canciones.

El sueño era inmenso: crear canciones que ayudaran a olvidar la pena, esperando que algún día sonaran en un microbús. El anhelo de arrancarle una sonrisa a una persona agotada por el trabajo cobraba aún más sentido que el acto mismo de escribir.

Godín en converse

Dedicado a la Crayola,
Ina, Kach y Jade.

Después de volver de Tampico, me bañaba usando la menor cantidad de champú posible. Había comprado un Pantene aroma lavanda sin saber que, dos semanas después, aquel bote de champú se convertiría en un apoyo esencial; no solo me servía para lavarme el cabello, también era jabón de manos y detergente de ropa.

Me despertaba a las siete de la mañana y salía del departamento a las ocho, caminaba por la calle Tamaulipas, pasando por el Parque España, hasta llegar a la parada de peseros en Chapultepec. El microbús me dejaba a cuatro cuadras de la agencia. Caminaba tres hasta llegar a ese monumental edificio del cual era parte.

Checaba la entrada y me sentía lo máximo deslizando la tarjeta. En el elevador todos olían delicioso. Cada día recordaba que yo no tenía perfume ni zapatos decentes, mis converse estaban muy jodidos. El elevador llegaba al piso dieciséis y mis divagaciones terminaban.

Me sentaba en el escritorio a trabajar sobre el eslogan "Esta sopa es familia" y yo solo pensaba: "¿Qué tipo de familia? ¡Con un sabor tan miserable!". Tal vez por eso no lograba aprender y nunca metí un gol en publicidad.

Mis compañeros eran amables; hice amigas rápidamente y ellas me invitaban a comer o me compartían sus lonches. Cada bocado me sabía a gloria, siempre tenía hambre. Con lo que ganaba en la agencia, apenas me alcanzaba para la renta, el pasaje y unas latas de atún que guardaba en mi cuarto. Nunca me quedé sin comer, siempre hubo alguien que me extendió la mano y me compartió su comida. Así fue toda mi vida.

Baño compartido

"Amanda, te hablan". Era mi novio desde Tampico; llorando me confesó que había cogido con su ex, una señora que me había presentado como su amiga, la "nada que ver". Imaginarlos me provocó una náusea que duró meses. Así terminó todo. Me bajoneé mucho, pero no por él. Desde que empezamos a salir sabía que el único lugar a donde llegaríamos sería a la desilusión, pero me dolió porque las despedidas y pérdidas duelen; especialmente perder a tu familia.

La depresión volvió a alcanzarme, haciéndome sentir increíblemente sola. De mi madre no tenía noticias, salvo cuando ocasionalmente me enviaba algo de dinero para el celular. Cada vez que le marcaba estaba ebria. Mi motivación empezó a desvanecerse; volví a beber, faltaba al trabajo, salía de fiesta y siempre terminaba llorando. Me metía debajo de las mesas a llorar. Iba y venía, lo intentaba, pero no avanzaba, y, chingada madre, todo el tiempo tenía hambre.

Necesitaba trabajar más. Una amiga me dijo que otra conocida buscaba una asistente de vestuario para comerciales. Me reuní con Paola, la directora de vestuario. Tuvimos buena química y le expliqué que solo podía trabajar los fines de semana. Aunque la paga no era alta, mil pesos por cada día de trabajo, realmente me ayudaba a alivianar mis gastos. Me metía tremendas chingas y no comía mejor, ahorraba todo para producir más canciones.

Cuando junté dos mil pesos volví a llamar a José Luis. Esta vez produjimos "La cumbia de Telmex" y "Mecánico". Armar mi demo fue lo mejor que me podía pasar; me obsesioné escuchando mis canciones una y otra vez, y se las cantaba a todos. Puedo afirmar que todos los que salieron de fiesta conmigo me vieron llorar y también cantar.

La gente de la agencia comenzó a compartir el demo. Me di cuenta de que "Metrosexual" era la que tenía más éxito. En esa época mi humor estaba por los suelos. No sabía de dónde sacar material para comedia. Recordé lo que dice Rilke, que los buenos escritores solo necesitan observar.

Así que me di a la tarea de observar qué le daba risa a la gente. Un día, como canto de sirenas, unas risas emergieron de los cubículos cada vez que pasaban unos tacones. "Ahí va", dijo uno. "Ahí va la zorra parada". Yo también me reí; al parecer todos tenían problemas con la secretaria de recursos humanos. No sabía qué había pasado exactamente. "Se cree muchísimo", me comentó una compañera. "Sí", respondió otra, "es una inmamable". Y yo añadí: "Sí, se cree la muy muy". Así nació "La muy muy".

Para darle mi toque, pensé qué era lo que más me molestaba de las personas: el clasismo y el racismo. Decidí que "La muy muy" sería una racista, falsa espiritual, oxigenada, zorra parada.

Después de conseguir mil pesos más, llamé a José Luis. Mi plan era grabar "La muy muy". Ese día llegó veinte minutos tarde. Aburrida, me acerqué a un puesto de periódicos y leí un titular: LA MATAVIEJITAS ES UNA ASESINA SERIAL. Esto es perfecto, pensé. Realmente creí que era un mito, como el chupacabras. Tenía el estómago lleno de canciones. Era difícil no cenar, entrar al departamento de Rosa, pasar por su cocina que olía a guisado y sentir cómo mis tripas se quejaban.

A veces no me aguantaba y picaba lo de la renta; entonces me retrasaba con el pago, por lo que Rosa me sugirió mudarme a otra habitación dentro de su casa. El nuevo cuarto era bastante bueno; de hecho, tenía más luz natural que el anterior, pero el baño era compartido. No era la primera vez que compartía baño con gente que no conocía. Parecía que seguía dando vueltas para terminar en el mismo punto.

El cuarto estaba frente al de su hijo, quien tendría unos cuarenta años. Él solía cantar himnos cristianos. Una vez dejó su puerta abierta y pude ver varios carteles con citas bíblicas en las paredes. Su devoción no era diferente a la que había observado en el templo de

Gurumay. Cantaba con la misma pasión con la que nosotros entonábamos mantras. La única diferencia era el maestro, nosotros le cantábamos a Krishna, él a Jesús. Aunque, en ese momento, me sentía muy distante a Shiva, Krishna, Buda, Jesús; me parecían una completa mentira, un placebo.

Para mí, el solo hecho de tener un techo, un colchón y cobijas era un privilegio. Nunca he sentido que necesite más cosas materiales para ser feliz. Pero entonces, ¿qué me tenía tan deprimida?

No me gustaba el trabajo. Nomás no le agarraba la onda o no era buena en la publicidad. Cada que podía me iba a casa de Artemio, nos emborrachábamos en la cocina de su papá, Carlos Narro, y soñábamos con hacer un disco.

Buscaba pretextos para no ir a trabajar. Una vez me fui de fiesta varios días, falté al trabajo y tuve que inventar que había chocado. Para darle más credibilidad a la historia, me presenté con un collarín falso. Era tan incómodo como la verdad.

El demo

Me tardé alrededor de seis meses en terminar mi demo, el cual contenía "El mecánico", "La muy muy", "Metrosexual", "La microbusera" y "La cumbia de Telmex". Las rolas comenzaron a circular entre la gente de la agencia y mis compañeros morían de risa. Me invitaron a cantar en una fiesta en la azotea de la oficina. Uno de los creativos, que tenía un bar en Puebla, me ofreció cantar allí. Me pagaría mil pesos. No podía creerlo: mil pesos por hacer lo que más amaba. Era lo mejor que me había pasado en mucho tiempo. Nunca olvidaré ese día: fue la primera vez que canté para un público de verdad, no solo para amigos. Estaba tremendamente emocionada de subir al escenario; estar ahí es como pisar el milagro, el presente, es sentir la vida.

El concierto fue increíble. Entre canciones, un hombre se levantó de su mesa y exclamó que había nacido una estrella. Riendo y aplaudiendo, se acercó a mí cuando bajé del escenario y afirmó con seguridad: "Yo sé lo que te digo, tú vas a ser famosa". Esa noche fue simplemente hermosa.

A la mañana siguiente, apenas abrí los ojos, un pensamiento me invadió: si a estas personas les gustaron tanto mis canciones, tal vez les puedan gustar a otras. ¿Por qué no intentarlo?

Hacer canciones era como construir casas donde habitan personajes inspirados en gente a la que admiro. Gente que conoce el esfuerzo, que se traslada de un lado al otro de la ciudad en transportes públicos, sobrevivientes, personajes que aman la vida y que saben defenderse.

Me alimentaba de sueños,
ese era un alimento conocido,
toda la vida me sostuve de ensoñaciones.
Soy adicta a ellas.
Mis ensoñaciones duran poco,
son frágiles como burbujas de jabón.
En nacarado veo un reflejo
de algo que me promete amor,
la quiebro y fabrico otra.
A veces, en el parque,
dejo que los niños las atrapen,
las rompan con aplausos.
Busco desesperada algo
que me distraiga de mí misma.
Apenas sumerjo el pie en el lago,

corro al desierto.
No sé qué hacer con la paz.
Seguiré soñando,
pero no contigo.
Las fantasías son un postre,
no un alimento.
La realidad es incluso más hermosa
que todos mis anhelos.

Las horas duraban días

En la agencia me sentía frustrada, incapaz de avanzar. Mi creatividad no servía para la publicidad. En una de esas, el hambre me ganó y comí como si mi futuro estuviera resuelto. Desayuné, comí y cené todos los días. Como resultado, ese mes no pude pagar la renta.

Así que bailé un vals titulado "Me escondo de la casera". Llegaba muy noche y salía muy temprano, caminando de puntillas para evitar encontrarme con Rosa. Después de acumular dos meses sin pagar la renta, empaqué lo más que pude en una maleta. Dejé mi computadora con una amiga, junto con una caja de libros, y me fui para siempre, abandonando en casa de Rosa el colchón y la mayoría de mis cosas.

No podía creer que estuviera replicando aquello que tanto aborrecía de mi madre: largarse sin pagar casas o habitaciones de hotel, dejando aquellas pocas cosas que tanto trabajo nos costaba conseguir. Me sentí muy mal por no lograr sostener mi pequeño nido, mi mínimo logro, por comerme la renta.

Eran tiempos difíciles. La pobreza se me salía por los poros, mucha gente se alejó de mí y ya no me importaba, a todos se nos había caído la máscara. Dejamos de admirarnos mutuamente. Solo los monstruos se sienten superiores a los demás. Nunca he conocido gente más hipócrita que la rica. Si supieran cómo hablan los unos de los otros perderían esa seguridad. Yo sabía lo que decían de mí, no necesitaba escucharlos.

Empecé a decir lo que pensaba y contar lo que sabía. Les dije que me parecían unos payasos mimados. Me hice odiar muy pronto. Había pasado de moda, para ellos no tenía nada que ofrecer. No tenía ningún valor y era verdad.

El cepillo de dientes en una ziploc

Y una vez más, volví a las calles con mi cepillo de dientes guardado en una ziploc. Dormía donde podía, llevando en mi mochila de los Pumas una muda de ropa a veces sucia —los días de suerte, limpia—. Casi todas las noches me quedaba con Natalia, una amiga francesa que había conocido en las clases de teatro. Ella solía regresar del trabajo muy tarde y yo pasaba el día vagando por las calles y matando las horas en la biblioteca.

Justo cuando todos me evitaban, mi amiga María Alos llamó por teléfono y me dijo: "Sé que no tienes dónde vivir. Yo me voy a Nueva York por tres meses. Consigue un trabajo y, cuando puedas, me pagas la renta".

“Te amo, princesa”

El departamento de María tenía paredes blancas, estaba ubicado cerca de la Diana Cazadora. Era un lugar hermoso con grandes ventanas. Nunca había vivido en un lugar tan amplio. Sin embargo, lo llené todo con mi tristeza.

Pocos días después de mudarme con María, Caín, amigo de mis padres y dueño de una galería en Tampico, me invitó a presentar un libro de poesía y a participar en una charla sobre literatura en su espacio artístico. Él se encargaría de organizar el viaje. Pensé que sería una buena oportunidad para regresar a Tampico unos días y visitar a mi madre, de quien tenía pocas noticias. Solo sabía que continuaba dando clases y que había alquilado una pequeña casa donde vivía con mi hermano. Me sentía lejos de ellos, pero no pasó un solo día sin que me preocuparan. Pensar en ellos dos me apuñalaba constantemente, sobre todo por las noches. Amor y miedo, no hay una relación más compleja que esta.

En la invitación de la galería se presentó un error: aparecía mi nombre como "Lalena González" y no con mi apellido correcto, "Escalante". Me enteré de esto por Vainilla, quien reaccionó enviándome muchos correos hirientes. Las acusaciones de querer aprovecharme del prestigio de mi padre eran especialmente dolorosas.

Estaba en un café internet cuando leí todo lo que me envió, no pude evitar que las lágrimas cayeran sin parar. Le escribí a Caín para explicarle que no podía asistir al evento y le envié todos los correos. Regresé al departamento de María y por primera vez en mucho tiempo pude llorar en voz alta. Mis gritos retumbaban en las paredes. Lloré hasta que anocheció y me quedé sumida en la oscuridad durante un par de días.

Me encontraba en medio de la sala sintiéndome más sola que nunca. No tenía trabajo ni ganas de buscarlo. Había perdido toda ilusión por grabar un disco. Ya no quería pedirle a Carlos Narro que me invitara a comer. Mi vida era un fracaso total. Pasé dos días bebiendo agua caliente imaginándome que era té.

Finalmente decidí salir de mi encierro. Debilitada, caminé hasta el café internet y le pedí un favor a la chica que atendía; me prestó una computadora. Le escribí a mi madre: "Mamá, no estoy bien. Si puedes, mándame algo de dinero".

Al día siguiente, recibí un mensaje de ella avisándome que tenía quinientos pesos de saldo, acompañado de un "Te amo, princesa". Esto fue suficiente para darme fuerzas y volver a empezar. Llamé a la vestuarista y le dije: "Paola, no tengo ni para comer, te puedo ayudar en lo que necesites". Ella respondió: "Jálate para acá".

Paco

> *Un hombre no se siente orgulloso de las alegrías y el placer. En el fondo, lo único que da orgullo y alegría al espíritu son los esfuerzos superados con bravura y los sufrimientos soportados con paciencia.*
>
> WALSER

Siempre me gustó dibujar. De niña, antes de saber escribir, dividía una hoja en seis cuadros para desarrollar un pequeño capítulo en cada uno. En una época, lo único que tenía era un crayón rojo. Así nacieron Los rojos, una banda de superhéroes que eran mitad gato, mitad hombre. Con Los rojos pude entretenerme muchas noches.

Nadie me enseñó a dibujar; mis figuras son bastante infantiles e irregulares. Por lo general, dibujo mujeres vestidas de manera excéntrica con la ropa que me gustaría tener. Tienen los ojos grandes y carecen de nariz. También dibujo monstruos, arcoíris rotos, gatos y conejos.

En esos días, en la casa de María no tenía ganas de leer ni de escribir. Las horas pasaban mientras llenaba páginas de dibujos, que al final borraba o tachaba. Dibujar se convirtió en una especie de meditación.

En un llamado, que parecía ser eterno, tomé mi libreta y me puse a garabatear. Paco, uno de los asistentes de vestuario, me vio dibujar y me pidió ver mi libreta. Después de hojearla dijo que le encantaban mis dibujos, que eran increíbles. Me reí y le dije que era un exagerado. Paco insistió sugiriendo que debería de dibujar en bolsas de manta para venderlas. Le dije que solo tenía una pluma y un cuaderno. Paco me propuso una asociación: él proveería las bolsas y los plumones, y yo solo tendría que dibujar; me ofreció hacerlo en su taller de costura.

El siguiente lunes llegué a su taller, ubicado en la Santa María la Ribera. La experiencia fue maravillosa. Pasaba los días dibujando sobre bolsas de manta blanca y, lo mejor de todo, era que Paco me invitaba a comer; casi siempre era mi única comida del día.

Las bolsas me alegraban un montón y me daban una paz tremenda, pero, sobre todo, me sentía muy agradecida por el plato de comida que recibía al final de cada jornada. Este nuevo trabajo era mucho más divertido y sencillo que la publicidad o ser asistente de vestuario.

Dibujé alrededor de cien bolsas. Paco y yo nos las repartimos. Logré vender varias a personas cercanas por ciento cincuenta pesos cada una; sin embargo, la mayoría las terminé regalando. La respuesta en general era positiva, no sé si por amabilidad, pero me decían que mis dibujos eran muy padres.

Una noche, el hambre me aconsejó la absurda idea de vender mis bolsas en la Zona Rosa, que me quedaba a unas cuadras. No había comido en todo el día y pensé que si vendía una sola, podría cenar. Se me ocurrió que podría convertirme en la protagonista de una de esas historias de éxito donde el héroe vence el miedo, y solo por el acto de salir a trabajar dignamente es gratificado y lo vende todo. Pero la realidad fue distinta a mis alucinaciones telenovelescas.

Recibí el típico trato hacia los vendedores ambulantes: lo más amable era la indiferencia. Si me veían, lo hacían de arriba a abajo. Supe lo que es ser invisible, no tener valor. Ofrecí las bolsas a diez pesos, afuera de restaurantes, pero no logré vender ni una sola. Me senté en la banqueta molesta conmigo misma. ¿Cómo había terminado así? ¿Cómo llegué a rozar otra vez la indigencia al punto de no tener ni para comprarme una lata de atún? Regresé a casa de María sumida en la tristeza, sintiéndome completamente desamparada y sola.

Subir a la azotea y lanzarme al vacío parecía tan fácil. Pensé: "Nadie te quiere, a nadie le importas y no tienes nada. Es tan fácil: sube a la azotea y lánzate". Me dormí y desperté con más hambre aún. Salí casi corriendo del edificio para alejarme de esas malas ideas. Caminé otra vez hasta la Zona Rosa cuando, de pronto, en el suelo vi una billetera café. La levanté y no lo podía creer: tenía doscientos cincuenta pesos, ¡una fortuna! Me compré un esquite y me supo a cielo. Me senté a comerlo en la glorieta del metro Insurgentes y, al terminarlo, me alcanzó una gran alegría porque sentí que algo me cuidaba, un ángel o la vida misma, pero era cuidada.

Ojalá sea pronto, ojalá que no sea nunca

Bella, perfecta, quiero verte siempre, quiero amarte más y tengo tanto miedo a tu humor intempestivo, bipolar. Te odio, como me odias; te amo, como me amas.

Me llenas de horror, me pones en el piso, me lastimas y me haces sentir tan amada. No quiero despedirme de ti nunca. Mira toda esta historia; aún tengo fuerza, pero estoy tan cansada. No sé para qué aferrarme más. Estaré mejor del otro lado, donde nunca más vuelva a verte.

Agradeceré quitarme este saco, con las bolsas llenas de piedras, y estos ojos retacados de imágenes crueles. Pero no quiero dejar de ver tus atardeceres, cielo, sangre, diamante, agua, violencia, flores, aviones, moretones, dolor, amor, jarabes, gatos. Eres todo y no vales nada, eres lo peor y lo mejor que me pasó, que nos pasó. Loca, estás loca, eres ajena a mí y no existes sin mí.

Vendrás conmigo cuando respire por última vez. Ojalá sea pronto. Ojalá que no sea nunca.

Te amo, te odio, no me alejes de ti. Abrázame, dame ese amor que me corresponde, porque nadie te quiere como yo. No hagas caso a mis palabras; estoy cansada, llevo mucho tiempo con miedo. Llevo mucho tiempo intentando tener paz y no lo logro.

Vida, eres mía. Ángel cae y se eleva.

Eres todo lo que conozco. Me pregunto si será más fácil allá en el mundo de los muertos; si te recordaré, si te extrañaré o pensaré en ti como un mal sueño.

Las chambas

Días después me contactó otra diseñadora y me ofreció mil pesos por llevarle unas opciones de ropa a una chica del grupo Garibaldi. Todo salió bien ese día y me contrató de nuevo, pero esta vez para un trabajo diferente: conseguir juguetes y llevarlos a fotografiar. La chamba era para una revista que haría un reportaje sobre niños. Me dijo que si yo le ayudaba a conseguir juguetes y los llevaba para que los fotografiaran, me darían tres mil pesos.

Con un chingo de pena, me acerqué a varias jugueterías para preguntarles si les interesaba prestarme juguetes para el reportaje. Nadie quiso, pero yo estaba determinada a lograrlo. Entonces se me ocurrió una idea: María tenía un hijo de cuatro años y un cuarto lleno de juguetes. Lo que no pensé fue en el peso del costal lleno de juguetes de madera; cargarlo por las escaleras del metro fue toda una travesía.

Avancé muy lentamente, como un caracol, hasta llegar a una bodega bastante lúgubre. Allí me esperaban dos hombres y una mujer. La vibra era muy rara en ese lugar. Me indicaron que colocara los juguetes sobre una mesa blanca iluminada con una lámpara. Me dieron una computadora para describir cada juguete. Como no conocía el origen de los juguetes, inventé nombres y usos educativos para ellos. Estuve ahí unas cuatro horas. Una vez que terminaron de fotografiar los juguetes y yo de hacer las reseñas, cerraron la puerta detrás de mí. Nunca volví a tener noticias de ellos. Nadie respondió mis mensajes, nunca me pagaron.

Cuando volví cargando el costal, mis dedos estaban llenos de ampollas. A pesar del cansancio, me sentía contenta. Me acosté en la cama, miré mis bolsas de manta y sonreí, porque me di cuenta de que realmente me estaba esforzando. No me sentía una víctima; al contrario, me sentía orgullosa de que, a pesar de mi estatura y mi supuesta poca fuerza, había logrado mover tantos juguetes. Me acordé de que tenía un yogur de fresa en el refrigerador. Un día contaré esta historia sobre este día, pensé.

Tres días después, Artemio me presentó al artista Santiago Sierra, quien había escuchado mi demo. Artemio y Santiago no dejaban de hablar maravillas sobre mis canciones. Me parecía increíble que alguien como Santiago admirara mis rolas. Me dijo: "Tus canciones las tiene que conocer el mundo. ¿Por qué no las conoce el mundo?". "Porque no tengo disco, necesito hacer un disco y eso cuesta mucho dinero", respondí. "Dinero", dijo Santiago tomando un trago y haciendo una mueca de desdén, y añadió: "Yo te lo doy".

La casa de Willi

Fadanelli me prestó su departamento a cambio de cuidar a su gata y pagar la renta. Solo los buenos amigos te confían su casa y a su mascota. Con un patrocinador a la vista, el delirio fue mayor. Pasábamos horas y horas planeando el disco. Mi adorada Teresa Margoles dijo que no podía grabar un disco sin antes tocar en el Palacio Negro en Madrid. Ella pagó mi vuelo.

No sé cuánto tiempo estuvimos allá, pero toqué tres veces: una en el Palacio Negro, que no tenía escenario; otra sobre la barra de un bar de cañas, y la última en un bar donde había escenario. De Madrid volé a Berlín para visitar a Fadanelli. Lo único que recuerdo que me asombró fue la fuente de Morfeo. La observé un rato mientras Guillermo hacía de guía de turistas.

A pesar de todo, una extraña incomodidad caminaba junto a mí. Un cansancio del alma, una cruda perpetua, porque la fiesta había vuelto con todo.

Respecto a la grabación del disco, Artemio logró avanzar. Santiago le entregó el dinero y se firmaron los contratos. Artemio contrató a Lino Nava y él, a su vez, a Sacha Triujeque, uno de los mejores productores de Monterrey, para crear una cumbia fresca y moderna.

Fuimos a Monterrey a grabar. Nos hospedamos en un hotel bonito y sencillo. Al entrar al cuarto me senté en la cama y pensé que no podía creer que tantas personas se estuvieran movilizando para que yo hiciera un disco, y que ese cuarto había sido pagado con el anhelo de crear canciones.

El motor se había echado a andar. Al otro día entré al estudio, y vaya que me costó trabajo. A mitad de la grabación me llamó Artemio para felicitarme, estaba con varios amigos. La llamada me causó incomodidad, quizás porque todos, excepto Artemio, eran los mismos que un par de meses antes me ignoraban olímpicamente.

Al volver de Monterrey hice lo único que sabía para liberar la tensión: organizar una fiesta. Esta vez fue en casa de Fadanelli y duró dos días. Él hacía fiestas así todo el tiempo, con el mismo volumen, pero como era su casa y no la mía, los vecinos se quejaron.

Guillermo me envió un correo que decía que mi comportamiento era inaceptable para los vecinos. No mencionaba nada sobre él, pero la decepción se sentía en cada palabra. Eso me dolió muchísimo. Necesito cambiar, pensé.

Una amiga de Artemio asistía a reuniones de Alcohólicos Anónimos. La busqué y hablamos durante horas. Me dijo algo que nunca olvidaré: "La rebeldía es hacer lo contrario a lo que los demás hacen. Eso es punk. La rebeldía, en tu caso, sería hacer lo contrario a lo que hacen nuestros amigos y lo que hizo tu madre: estar sobria y hacer las cosas bien".

Volví a las calles. Algunas noches me quedaba en casa de Natalia y otras en casa de mi amigo Martín. Comencé a asistir sin falta a las reuniones de Alcohólicos Anónimos; mis amigos se burlaban de eso. Los únicos zapatos que tenía eran unas botas vaqueras que me sacaban ampollas, pero caminar con un propósito era más fácil. Quería estar bien.

Las reuniones se llevaban a cabo debajo de una iglesia en Polanco. Entender que el alcoholismo es una enfermedad, no una elección, fue bueno para mí, para quitarle ese peso moral que tantos años puse sobre mi madre. El alcoholismo es una enfermedad mental y espiritual, no es falta de voluntad. Hay personas que genéticamente somos propensas a caer en las adicciones.

La mayoría de los asistentes eran adultos. No me identificaba con las historias que escuchaba y no sentía que mi situación fuera tan grave; no había golpeado a nadie, ni empeñado mis cosas para comprar cocaína, ni había hecho algo de lo que realmente me arrepintiera. Solo había perdido muchos zapatos, celulares, y sí, lloraba, decía cosas que no debía y muchas veces hacía el ridículo, aunque, definitivamente, no había tocado fondo. No todavía...

Me sentaba durante dos horas pensando que yo no estaba tan mal, y que la tribuna era más para mujeres como mi madre, pero me gustaba ir a AA porque es un programa espiritual. Los dos pilares de Alcohólicos Anónimos son: la creencia en un poder superior y la resistencia al deseo. Estos también son los pilares del yoga.

A contracorriente lo conseguí. Dejé de beber durante unos meses y pronto vi el resultado del esfuerzo que hice en esos días: conseguí un par de conciertos, uno en el Pata Negra y otro en una fiesta donde me pagaron la enorme cantidad de cinco mil pesos. No lo podía creer.

Utilicé lo que gané en los conciertos para rentar un cuarto en la casa de asistencia donde anteriormente había vivido con mi mamá, porque era un lugar donde me sentía segura. Me alcanzó para rentar una habitación privada en la azotea, donde el baño era compartido.

Los domingos disfrutaba ver a mis compañeras de casa lavar su ropa mientras escuchaban a Los Bukis. Tendían la ropa y se quedaban junto a ella para cuidar que no se la robaran. La ropa era su propiedad más preciada.

Yo les sonreía desde mi ventana. Por la ropa adivinaba en qué trabajaban. En el tendedero había uniformes de meseras y enfermeras, bikinis de teibolera y camisas de vestir. También estaban mis camisetas blancas y una de los Doors.

Mi cuarto solo tenía una cama, una mesa y el libro *Un curso de milagros*. No entendía nada, pero hojearlo me calmaba. El curso repetía una y otra vez que todos somos esencialmente inocentes, que el amor es la única realidad.

No le platiqué a nadie dónde vivía. En ese momento empecé a cuestionarme sobre las relaciones. Me sentía sola desde que dejé de beber. Los pocos amigos a quienes les conté que asistía a Alcohólicos Anónimos se burlaron de mí, pero antes de eso se burlaban de mi mala copa.

Para dejar de beber es importante tener una red de apoyo, y yo no tenía amigos sobrios. Así que, después de un concierto que di en Morelia para una revista de unos amigos de Fadanelli, caí de nuevo. Estaba contenta, me sentía especial; pensé que me lo merecía porque me encargaba de mí misma y hacía un buen trabajo. A ese viaje fui con mi vestuarista y mi amigo Martín. Pobre, tuvo que aguantarme mientras yo lloraba toda la noche. "Recaí, no es posible", le decía una y otra vez. Y él me respondía: "No pasa nada, solo retoma el camino". Pero no quería retomarlo.

Cuando volví a la Ciudad de México vi a Artemio y a varios más, y la fiesta continuó. No recuerdo mucho, pero ya no eran especiales las fiestas. Estábamos por ahí, quién sabe dónde, bailando y riendo, cuando Lino le marcó a Artemio para decirle que Sony Music quería firmar mi disco.

Al volver a mi cuarto encontré mi cama ordenada y, sobre ella, el libro *Un curso de milagros*. Aquella escena parecía un nido abandonado, un refugio que yo misma había comenzado a construir y que terminé rechazando por el impulso de la destrucción. Una parte de mí anhelaba estar bien, mientras que otra buscaba arrastrarme al caos, y en esa ocasión fue la destrucción la que se impuso. Recordé uno de los principios de AA: "Un alcohólico es quien, a pesar de querer dejar de beber, no puede detenerse". No podía creer que eso me estuviera pasando a mí. Yo que tanto critiqué a mi madre. Nunca me había sentido más fracasada que aquel día.

Una disquera transnacional

La fama es un perfume que atrae a muchos imbéciles. La noticia de que firmaría con Sony se esparció rápido. Aquellos que ya no me hablaban me volvieron a hablar. En ese entonces acababa de cumplir veintiséis años. Sabía que eran hipócritas, pero fingí no recordar lo mal que me trataron y disfrutar que era la primera vez que yo también era importante como ellos.

Un día antes de ir a Sony, lavé mi ropa y me senté frente al tendedero a vigilarla. Ahí estaba mi camiseta blanca con el dibujo punk que me regalaron en España y mis únicos pantalones. Limpié mis botas, esas que siempre me causaban ampollas y, al día siguiente, me subí a un taxi donde estaba Lino Nava: "Lo que estás a punto de vivir es algo increíble. Algo único".

Cuando las puertas de cristal se abrieron, Lino mencionó algo sobre el poder que se sentía al cruzar la puerta de una disquera transnacional. Él estaba muy emocionado. Sinceramente, yo no; para mí era solo cruzar una puerta de un edificio. No sentí ese poder al que se refería él, y me pregunté si yo estaba mal.

Tuve un presentimiento. Sabía que entre más me acercaba a ese mundo de la música, más me alejaba del que siempre amé y deseé: las letras. Pero también era una gran oportunidad: podría mantenerme en la música.

Nos recibió Memo, el A&R de Sony. Me cayó perfecto; él estaba muy emocionado y completamente seguro de que mi proyecto sería un éxito. Yo no entendía cómo, eran canciones que había escrito muy rápido, en tan solo horas. Yo no era cantante, pero ellos eran los expertos. Me acuerdo de que Memo me chuleó mi mochila de los Pumas, lo que me sacó una sonrisa, porque de mi mochila sí estaba segura.

El lunes siguiente volví a las oficinas de Sony con mis recibos de honorarios. Todos hemos oído hablar de esos adelantos millonarios, pero yo recibí cien mil pesos, solo eso. Por otro lado, Sony compró el máster, no sé en cuánto. Artemio le devolvió el dinero a Santiago y pagó los honorarios de Lino y él le pagó a Sacha.

A mí nadie me explicó nada del negocio, ni qué era incumplimiento de contrato, ni cómo funcionan las regalías. Solo firmé, sin abogados. Nadie me cuidó en lo legal. Después de firmar el contrato, me llevaron a conocer todos los departamentos de Sony. Saludé a muchas personas de edades muy diferentes. Algunos se veían ejecutivos, otros casuales; jóvenes, adultos, mujeres; todos eran amables y sonrientes, y me sentí optimista.

Quedamos de vernos en unas semanas, mientras ellos elaboraban un plan de lanzamiento.

Me urgía cobrar mi cheque y vivir en un lugar un poco más decente. Justo mi amiga Natalia estaba buscando una compañera de departamento, le llamé y le dije que ahora sí podía pagar una renta. Cobré mi cheque y me mudé rápido; era la primera vez que viviría con una amiga. El departamento estaba en una azotea, lo cual era cómico. Por más que progresaba, no lograba salir de la azotea. El edificio no tenía elevador y, aunque las escaleras ya no eran de caracol, tenía que subir siete pisos hasta mi departamento.

La semana siguiente, cuando regresé a Sony, el edificio estaba completamente vacío. Todos los cubículos estaban desocupados. Pregunté dónde estaba la gente y una chica me dijo: "Hubo recorte de personal. La piratería está golpeando muy fuerte a la industria. Es un día muy triste para todos".

Un cuerpo

Antes de que mi demo llegara a Sony, estuvo rodando por todos lados y cayó en manos de Rulo, quien puso la rola de "La Mataviejitas" en su programa de radio de Reactor 105.7. Nunca olvidaré la llamada de mi querida amiga Daniela Edburg: "Amandiu, estás en la radio".

Yo estaba feliz y los de la disquera estaban furiosos porque estaban preparando un plan de promoción, mismo que se fue por la borda. Lo único que había mío en internet era un video de cuando toqué en Madrid en el Palacio Negro. No olvidaré la mañana en que antes de ir a Sony pasé por el café internet y lo vi en YouTube.

Después de que la canción sonara en la radio, tuvo miles de reproducciones y cientos de comentarios, todos horribles. El repudio no era sobre la música, sino sobre mi físico. Se burlaban de mis dientes salidos, de mi cabello; decían que no tenía culo, que era una enana, que era una deformidad, que era una asquerosidad. Leí uno a uno los comentarios y cada uno me perforó el corazón.

Nunca me había sentido fea; en ese sentido, mi mamá había hecho un muy buen trabajo. De niña, todos los días me repetía que era hermosa. Por otro lado, desde los quince años había recibido un entrenamiento espiritual, donde la premisa era que no somos un cuerpo.

Además, siempre me había rodeado de gente muy inteligente, siempre había querido ser inteligente, no hermosa. Las pocas veces que me he enamorado ha sido de la energía de la persona, de su mente, de su voz. Nunca de su belleza externa, y mucho menos por sus propiedades materiales. Había vivido en una burbuja y no sabía cómo eran las cosas en el mundo real. Sé que parece una locura creer que se puede vivir sin pensar en los cánones de belleza. Bueno, los pobres como yo no tenemos tiempo para eso: estamos agradecidos de tener qué comer y dónde dormir.

Me salí a llorar a la calle, cerraba los ojos y veía las palabras en mayúsculas, aquellas palabras giraban alrededor de mí como cuervos: ASQUEROSA, FEA, ENANA, ADEFESIO, PUERCA. Me revoloteaban, me picoteaban y me arrancaban pedazos de la cara.

Lloré una hora en la banqueta, deseando renunciar a esa pesadilla. Tomé un taxi y llegué a Sony con la moral destruida. Me senté en la oficina de Memo, sin decir nada, sintiéndome avergonzada, pensando que, si no mencionaba nada, no se darían cuenta de que habían contratado a un monstruo.

Volví a casa, subí los escalones; subir ese día me resultó tremendamente difícil. Al mirarme en el espejo vi rasguños y grietas en mi rostro, las palabras me habían deformado. Ahora veía lo que ellos veían: una mujer asquerosa, indeseable, un monstruo.

Mis lágrimas no paraban de salir. Había firmado un contrato, sabía que no podía escapar, no había vuelta atrás. Entonces recordé que estaba en una azotea. Otra vez escuché la llamada del vacío; esa sería la solución para terminar con ese problema. En ese momento llegó Natalia, después de platicar con ella, me sentí mejor.

Al día siguiente, Gilda pasó por mí en su camioneta. Yo estaba seria como una lápida y ella me dijo: "Vengo por ti porque quiero estar contigo cuando pase esto". Subió el volumen de la radio y escuché: "EXA FM presenta: AMANDITITITA. Esta chica va a triunfar". A continuación sonó "Metrosexual". Gilda estaba feliz; yo fingí una sonrisa. Las palabras seguían picoteando mis oídos, mi voz me parecía espantosa. Gilda cantaba y los cuervos golpeaban el parabrisas. Eran las diez de la mañana.

Mi cuerpo entonces se ha vuelto
una casa colapsada,
pero es la única casa que tiene mi alma
para transitar entre el mundo.
Un mundo en el que tampoco encuentro seguridad.

El regreso del dolor

Mi madre y mi hermano volvieron a la Ciudad de México huyendo de algo que no me dijeron. Me quedé de ver con mi mamá a las afueras de una iglesia en Patriotismo. Se veía muy mal, otra vez parecía indigente. Me abrazó con gran amor y se puso a llorar. Sentí rechazo y luego culpa por sentirlo. No me gustaba lo que veía; intuí que no venían a nada bueno. Habían vuelto para que yo me encargara de ellos.

Para volver a colapsar frente a mí.

Para que yo los reparara.

Dos semanas después de su regreso, me llamó la tía que hospedaba a Luis y a mi mamá para preguntarme si sabía algo de ella, porque no había regresado a dormir. Me dijo que había ido al Chopo y no se supo más. No lo podía creer: mi mamá otra vez perdida en el Chopo a sus cincuenta y cinco años.

Estaba muy molesta y también preocupada. No dormí. Tuve noticias de ella a la mañana siguiente. Antes de ir a la disquera, pasé a la Cruz Roja, donde estaba mi madre descalabrada; había tenido una congestión alcohólica.

Me entregaron una bolsa de plástico con sus cosas y me dijeron que la ropa estaba desgarrada. Alcancé a ver que era una blusa que yo le había dado, y sentí que mi corazón era de la misma tela, que estaba desgarrado. Pensé que ya no podía más, que no tendría fuerzas; tuve ganas de salir del hospital y lanzarme por un puente. Pero tomé aire y entré al cuarto donde estaba.

Cuando la vi en la cama, tenía una mirada de niña que sabe que va a ser regañada, me sentí furiosa. No podía entender por qué no paraba de destruirse y de hacerme parte de ese espectáculo. Desde que tengo memoria, me obligaba a ver esas imágenes horribles que se metían en mis ojos y me atormentaban en los sueños y en la vigilia.

Salí de la Cruz Roja llorando a mares, no podía respirar. Tomé un taxi rumbo a Sony. Al llegar, me eché agua y me maquillé en el baño. Ese día tocaba tele. Fui a cuatro programas de televisión donde dije ser muy feliz.

De regreso a casa, las escaleras eran más pesadas; sentí que se habían agregado pisos al edificio. Ya no eran seis, sino veinte. Llegué sin aire, lo había perdido al llorar y gritarle a mi madre. Había perdido el aire respondiendo entrevistas. Un mes después fue el turno de mi hermano: se drogó hasta perder la conciencia y la tía con la que se estaban quedando los echó a la calle.

Yo no podía trabajar ni tener calma sabiendo que estaban tan mal; no tenía corazón para abandonarlos.

Busqué una clínica de rehabilitación para Luis, me costó setenta mil pesos. Además, le renté un lugar a mi mamá, muy cerca de la casa que compartía con Natalia. En eso se me fue el dinero del adelanto de mi disco. Pero no importaba. Solo necesitaba tener paz para trabajar.

Era mucha chamba cumplir con todo lo de la disquera. Mi madre, en lugar de quedarse en su casa, estaba todo el tiempo metida en en mi casa. Quería estar el mayor tiempo posible conmigo y, con cualquier pretexto, nos iba a visitar. Eso molestó a Natalia y empezaron a llevarse mal, con chismes y quejas de un lado al otro: que si las chanclas estaban mal acomodadas, que si alguien hizo una mueca. Estaba agotada de las dos, y cada vez que llegaba a casa sentía que le salían más escaleras; era como un cuadro de Escher: escaleras infinitas que no llegan nunca a ningún lugar.

Por suerte, Martín, mi vestuarista, me dijo que se había desocupado un departamento frente al suyo. Era en la colonia Anzures, y con lo que me sobraba me alcanzaba. Me fui. Sabía que Natalia se enojaría, pero también que algún día lo entendería.

Pero eso solo había solucionado un problema. Cada vez que prendía la tele y había un programa de chismes, estaban hablando mal de mí; criticaban mi ropa, mi cuerpo, hacían parodias de mí, decían cosas horribles: burlas, chistes sobre mi cara, mis dientes. Incluso se burlaban porque andaba en taxi: "Es una jodida", decían. No entendía la lógica. Yo había estado con ellos, había ido a sus programas, había sido gentil con la prensa y de un momento a otro no paraban de criticarme. Me cansé de que solo hablaran de mi estatura, cuando ellos eran más pequeños que yo.

Criticar a alguien por su cuerpo es una estupidez; empecé a enfurecerme. De cierta manera, podía entender que alguien sin educación escribiera algún comentario ofensivo en internet, pero de la prensa no lo comprendía. La televisión debería hacerse responsable de la manera en la que educa; la violencia que ejerce la televisión mexicana contra la mujer es desmedida.

Pero eso no era todo: en los conciertos, los locutores de radio interrumpían mis canciones para subir al escenario, bailar conmigo y besarme sin permiso. La gente me tocaba, me trataba como un objeto; besos y manos sobre mí, sin siquiera preguntar. Me levantaban en el aire como si fuera un trofeo, sin importarle a nadie que no me gusta que me toquen. Desde niña aprendí que el cuerpo de una mujer no debe ser manoseado, pero ahí estaba, atrapada en algo que llamaban "fama". Fue una experiencia horrible. No lo entendía. ¿Qué chingados pasa? ¡Déjenme vivir! He luchado toda mi vida, este debería ser un momento bueno…

El éxito no es popularidad

Sé que pasé de dormir en la calle a tener un departamento en Polanco y mucho dinero. Pasé de ser completamente invisible a ser un imán de atención. ¿En qué momento perdí mi privacidad? Ni siquiera sabía que la privacidad era una propiedad. La fama es una casa con una apariencia lujosa y confortable. La mayoría de los seres humanos fantaseamos con vivir ahí, porque desde afuera parece tenerlo todo. Pero al cruzar el umbral, es un lugar verdaderamente oscuro.

Ser famoso no es ser honorable. Es una casa de cristal donde nunca estás solo. La fama es una casa que invita a cualquiera porque es una traga almas; deja que entres y que te la creas, que sientas que eres mejor que los demás, y luego te expulsa con la fuerza de un río.

Es una extraña embriaguez: estás llena de halagos, y al mismo tiempo, se respira el odio en el aire, la envidia. Es una casa oscura para que te caigas. Y como es de cristal, todos te ven caer.

Mi editora Warner Chappell me dio un cheque con una cantidad de dinero que jamás imaginé tener, dinero para empezar una vida y vestirme de famosa. Dinero para viajar. Una vida soñada por muchos. Dinero, mucho dinero, y un contrato por cinco discos.

En la comida con los de Chappell, ordenaron pulpo y nadie se lo comió, yo lo pedí para llevar. No es que me guste el pulpo; de hecho, es uno de los pocos alimentos que no me gusta, pero me sentí extraña dejando más de media comida desparramada en la mesa. El animal había muerto por nosotros y no merecía quedarse ahí.

Regresé con un cheque millonario y un pulpo muerto, me sentía profundamente extraña ese día. Me senté en el comedor, lo saqué de la caja de cartón y le dije: "¿Cómo terminamos aquí? Siento que voy a acabar como tú".

El invierno son los demás

Una mañana desperté escupiendo fuego y me senté a escribir esta carta en un cuaderno:

> A quien corresponda, es decir, a todos: esta carta es para cualquiera. Me rindo, ya no lo soporto, dejó de interesarme relacionarme. Con ustedes no hay forma de ganar. Para estar bien con los demás, debo reprimir mi naturaleza. Nunca decir la verdad, es preciso hablar a sus espaldas. Porque si les digo lo que me molesta, me castigan, me dejan de hablar. Debo quererlos, pero no demasiado. Debo buscarlos, solo cuando ustedes quieran. Quieren que los imite, no que sea yo misma. Quieren escuchar solo halagos y que guarde sus secretos. Quieren que los escuche, que los escuche todo el tiempo, contar sus historias de amor y triunfo, para convencerse a ustedes mismos de que van ganando. Quieren que los escuche sin decir nada. Quieren que les crea que están bien y que se los diga. No puedo esperar a ser escuchada. Poca gente me pregunta cómo estoy, y a nadie le importa realmente. La

mayoría pregunta solo para interrumpir y decir: "Yo también", y volver a contar sus historias. Soy la que escucha, la que observa. Nadie me escucha, ni me ve. Después de estar conmigo, me dicen que la pasaron muy bien, porque los oí atentamente y les dije lo que querían, pero yo me aburrí, tuve que beber para soportarlos porque son muy muy aburridos.

Pasan del victimismo a sentirse una verga. No les gusta hablar de la muerte, prefieren hablar de las personas, y luego los veo bailando con aquellos de los que despotricaban.

Yo tampoco soy perfecta, tengo una enfermedad mental, y mi mayor debilidad ha sido amar a hijos y a hijas de puta. He tenido muy malas amigas, a las que defendí porque creí que eran mis hermanas, a las que cuidé por instinto, y que me arrojaron al fuego cuando expresé cómo me sentía. Me hicieron sentir culpable por sus groserías. No tienen idea del dolor que me causó haber amado a las personas equivocadas, y lo peor de todo es que seguiré intentándolo. Nunca contaré con nadie, como cuento con los poetas, que escriben mi futuro desde su muerte.

Amigos, esta carta es para ustedes:

Arranco la hoja del cuaderno, la hago bolita y me la como. El fuego dentro de mi boca la quema, sale humo por mis ojos y pienso en qué sería de mí si a lo largo de mi vida no me hubiera encontrado con mis verdaderos amigos. Los que me han escuchado, los que me han amado en la oscuridad. En ellos, esa paciencia, ese entendimiento, me han hecho sentir que tengo familia. Me han perdonado y me han pedido perdón. Pensar en mis amigos, en mis tres amigos. Los demás no son más que el reflejo de mi desastre interno y de mis partes buenas. Ustedes, los demás, no son más que yo misma. Me gustaría que solo me importara la gente que me quiere, que los sentimientos de coraje e injusticia no habitaran en mi corazón. Desearía poder decir a los que han sido groseros que no los necesito, pero sería una mentira. Porque estamos aquí juntos, y yo quiero ser parte de ustedes. Quiero hablar con ustedes del miedo, de la muerte, del amor.

Miro al cielo, abro la boca, de ella salen fuegos pirotécnicos. Brindo, a todas mis luces, por mis buenos amigos. Ustedes saben quiénes son.

Gracias.

Dibujar en las paredes

Renté mi primer departamento a los veintisiete años. Lo decoré poco a poco, casi nunca estaba en casa. Compré una cama, una tele, dos libreros, una estufa, un refrigerador, cobijas, toallas y algunas plantas. Hice un dibujo en una de las paredes. Todo estuvo listo, pero nunca me senté en el comedor ni leí en la sala. Nunca salía del cuarto, todo el tiempo estaba cansada. Pensé que sería divertido, pero no lo era.

Los hoteles eran de cinco estrellas, pero nunca tenía tiempo de dormir. Compré lo que quise, pero algo faltaba, algo que no se puede comprar. No recuerdo un solo momento de alegría en esa época. Era como si estuviera interpretando un personaje, haciendo algo sin entender para qué.

Ganaba muy bien, pero el dinero fue otra desilusión. Un día entré a Liverpool y compré tres perfumes caros, sin sacarlos de sus cajas, sin saber si me gustaban. El placer de comprar cosas me duraba poco. Las cosas no eran tan especiales cuando las sacaba de las tiendas; valían más en los aparadores.

Al menos podía ayudar a mi mamá y a mi hermano a sacarlos de vivir en la calle. Cada que podía me escapaba y me emborrachaba con mis amigos, pagaba cuentas de diez mil o quince mil pesos. Fadanelli decía que era como un boxeador y eso me encantaba.

Me compré una computadora e intenté escribir muchas veces, pero no lo logré. ¿Dónde quedaron mi ángel y mi pegaso? Entonces pasó algo que me devolvió la felicidad: tuve mi primer concierto. Fue en Poza Rica, en un miniestadio. Paco Saiso entró al camerino y me dijo: "Está repleto". Era lo más real que me había pasado en mucho tiempo. Todos los que estaban allí habían ido por mí.

Tocar me gustaba mucho; era un espacio donde lo único que importaba era el lenguaje, mis historias. Ver a la gente reír me hacía tan feliz. Pero al terminar, la energía se me iba de nuevo. Mi proyecto despuntó, tenía muchos conciertos. Ciertamente era cómico salir de fiesta con Jesús de Reik y alternar con Las Flans y Caló. Estar en el mundo del pop, tan opuesto al rock.

Algunos rockeros por cultura detestan el pop y también la cumbia. Y yo, al ser hija de una leyenda del rock y aparecer constantemente en Televisa, provoqué que los fanáticos de mi padre estuvieran furiosos. Me enviaban amenazas de muerte y me insultaban en internet. Decían que no merecía ser hija de esa leyenda y que mi padre se volvería a morir si me viera. "Amigos" de mi padre despotricaban en mi contra. Esto solo sumaba a mi cansancio y desequilibrio emocional.

Paralelamente, tenía muchos conciertos y atraía multitudes. La gente me amaba y me odiaba con una intensidad desproporcionada. Mi calendario estaba saturado; no tenía días libres. Constantemente escuchaba que nada de lo que hacía era suficiente.

Para una disquera como Sony, el éxito se mide en estadios llenos y en agotar ocho Auditorios Nacionales, como Luis Miguel. Así es como funciona la industria. Para algunos, eso es el sueño, pero para mí fue una pesadilla. Mi video estaba en la televisión, mi canción en la radio y hasta vendía ringtones. No podía pararme en una esquina sin que me pidieran autógrafos. Ya no había salida, ni siquiera podía dejar mi propia casa. Fui con una psiquiatra y me dio antidepresivos y ansiolíticos para sostener el trabajo; los mezclé con alcohol para sostener mi alma.

A pesar de haber atravesado tantas dificultades, esto se sentía como un peso insoportable. Me encontraba completamente perdida. Quería ser una buena artista para la empresa, temía decepcionarlos. Su opinión me importaba profundamente, porque para mí eran como una familia. Por eso seguía yendo a la tele, donde me convertí en blanco constante de discriminación, racismo y clasismo.

Recibir insultos se había convertido en parte de mi día a día. Me agredían los usuarios de internet; los conductores misóginos y presentadoras superficiales, tanto en la radio como en la televisión; los fanáticos de mi padre y Vainilla me mandaban correos horribles. Todo mundo me insultaba en todas las plataformas, simplemente por existir. Como trabajaba sin parar, no podía cuidar de mi madre y mi hermano. Ambos recayeron; se ocultaban de mí y se cuidaban el uno al otro, pero me terminé enterando. El diablo no es tan hábil.

Perdí el camino y fallé... Nunca he faltado a un concierto, nunca en mi vida lo había hecho, pero esa vez falté a dos eventos de promoción de radio. Se armó un tremendo escándalo, como si hubiera fallado siempre.

Miguel Trujillo, presidente de Sony en aquella época, habló conmigo y me preguntó qué pasaba. Le conté todo, le abrí mi corazón y él se mostró muy cariñoso, como una figura paterna. Me dijo: "Vamos a parar todo, es momento de que descanses". Ese amparo era justo lo que necesitaba; no quería un descanso para seguir de fiesta.

En Sony varias veces me habían mencionado que ya no podía mantener a los mismos amigos que no se dedicaran a lo mismo que yo. Me parecía un control absurdo e ignoraba sus consejos. Pero esa vez sentí que tenían razón: mis amigos no me cuidaban. Necesitaba rodearme de gente que comprendiera la seriedad de mis compromisos. Dejé de hablarles a todos. Quería cumplirle a Miguel la promesa de estar bien; él me hizo sentir querida y eso era lo único que yo quería.

Gilda me dijo que su tío era un gran terapeuta. La terapia no era barata; gasté en ella todas mis regalías de la Sociedad de Autores y Compositores de México, una suma muy considerable de dinero. No me importó: estaba decidida a recuperarme. Quería hacer las cosas bien, no quería fallarle a la disquera, a mi nueva familia. Dejé de tomar alcohol, pero seguía tomando antidepresivos y Rivotril, mucho. Un bote de Rivotril cada quince días. Definitivamente estaba mucho más tranquila, pero no tenía creatividad. No sabía cómo componer un disco, ni cómo volver a escribir. Recuerdo dar vueltas en mi departamento, pensando que nada jugaba a mi favor. No era sexy, no tenía una buena voz, no bailaba. Me pregunté: "¿Qué chingados? ¿Cómo llegué aquí y para qué?".

Esa tarde bajé por un café y, al regresar, me senté a ver programas de farándula con un cuaderno en mano para tomar notas. Fue entonces cuando comprendí algo importante: no se trataba de mí; se burlaban de todas, de mujeres hermosas y tremendamente talentosas. Me di cuenta de que no era algo personal. Los medios mexicanos destruyen a las mujeres como forma de entretenimiento.

Miré mi librero y vi a los autores que había leído: mis libros de Rilke, Pessoa, Hesse, Kundera, Dostoievski, Aldous Huxley, Walser, Faulkner, Carson McCullers, T. S. Eliot. Me di cuenta de que ellos —los medios, la gente que ejerce violencia en internet y los amigos de mi papá— eran los que estaban perdidos y les iba a demostrar que para destruirme hacía falta mucha inteligencia. Me prometí a mí misma no volverles a creer.

AAA

Aquí
Ahora
Amor
Amanda
Anarquista
Contra
El sistema
Capitalista
Creo en los
Libros
No en las revistas
Quiéreme
Desquiciada
Anarquista

Una segunda alternativa

La casa del tío de Gilda era hermosa. Tomaba terapia mientras miraba el jardín y pensaba en lo fácil que habría sido mi vida si hubiera tenido un jardín así. Me encantaba la presencia del tío de Gilda, era muy amable. Llegó a conocerme profundamente. Recuerdo que me dijo que mi problema era más de ansiedad social que de alcoholismo. Pero, debido a mi disposición genética, definitivamente, no debería beber. Aprendí sobre la ansiedad; supe que tenía un síndrome de estrés postraumático. Sumado a toda la presión laboral de los últimos meses y ese torrente llamado fama, era comprensible por qué había llegado al límite.

El tío de Gilda era un ser muy espiritual. Con él podía hablar de esa parte de mí que, aunque trataba de anular, no lo lograba. Una persona como yo tiene más razones que nadie para afirmar que Dios no existe y, al mismo tiempo, una persona como yo es el testimonio de que Dios existe, porque sigo aquí.

El amor que he sentido en comunión espiritual no se puede comparar con nada de lo que me ha dado el mundo. El tío de Gilda me recomendó buscar un camino. Lo único que se me ocurrió fue volver al templo de Gurumay. Cuando llegué me di cuenta de que el lugar era idéntico, parecía que hasta las flores eran las mismas. Los cantos eran los mismos, pero nosotros ya no lo éramos.

Al finalizar el canto, mis antiguas compañeras me miraron de arriba a abajo. Para ellas yo era un ángel caído que cantaba "La muy muy" y para mí ellas eran unas tontas, igual que mis amigos de la fiesta; incluso peor, por aquella superioridad moral y espiritual. Gurumay nos enseñó que Dios vive en todos, pero, para ellas, Dios ya no vivía en mí.

No quería saber de la sociedad, pero sí de la enseñanza. Hay un famoso mantra de Isha Upanishad del Brihadaranyaka Upanishad:

Om Puurnnam-Adah Puurnnam-Idam Puurnnaat-Puurnnam-Udacyate
Puurnnasya Puurnnam-Aadaaya Puurnnam-Eva-Avashissyate
Om Shaantih Shaantih Shaantih.

El Todo emerge del Todo;
el Todo surge del Todo y, aun así, es la Totalidad.
Om. Eso es perfecto. Esto es perfecto. De lo perfecto surge lo perfecto, si quitas lo perfecto, solo permanece lo perfecto.

Era igual a *Un curso de milagros*, que postula: "Nada real puede ser amenazado. Nada irreal existe. En esto radica la paz de Dios". El texto del curso sigue un patrón similar al pentámetro yámbico de Shakespeare. Casi no lo comprendía, pero lo poco que lograba entender me brindaba una paz profunda.

Las cosas empezaron a acomodarse; llevaba alrededor de cinco meses sobria, concentrada, intentando escribir el nuevo disco cuando ocurrió lo más maravilloso que me ha pasado en la vida: conocí a Ulises. Un ser humano excepcional, noble, íntegro, justo, hermoso en todos los aspectos, con quien decidí iniciar una vida nueva en Los Ángeles. Él vio en mí algo que yo había olvidado que tenía: luz.

Mi felicidad consiste en tu paz.
Mi alegría en tu alegría.
Nunca me he reído más que contigo.
Eres el lugar más seguro.
Me salvaste de mí misma.
Caminando junto a mí en el infierno,
sin perderte y sin dejar de ver
quien soy.
Fuiste por mí al odio y me devolviste al amor.

Los Ángeles

¡Ay, Los Ángeles! Polvo y niebla de tus calles solitarias, ya no me siento solo.

JOHN FANTE, *Pregúntale al polvo*

Palmeras altas, color menta en la calle, menta y azul, el desierto y el mar. Un sol que no quema, una noche llena estrellas y luces de neón. Una montaña hermosa me deja vivir en ella, una montaña que da frutos de canciones. Laurel Canyon es mi hogar y fue hogar de Jim Morrison, Frank Zappa, los Byrds, Crosby, Stills, Joni Mitchell. Aquí se creó The Mamas & the Papas.

Eso es increíble, pero secundario; lo más hermoso es el silencio de la montaña, el abrazo de Ulises, esa enorme tranquilidad. Despertar rodeada de naturaleza, en medio de una hoja blanca, una hoja perfecta, inocente, sin memoria, sin marcas del pasado, la posibilidad para escribir una historia nueva. Lo que hace sublime a las ciudades no es su belleza, es el amor que sentimos en ellas. Los Ángeles me devolvió la libertad de caminar en la calle sin que nadie me reconociera, me pidiera autógrafos o se riera de mí. Empecé a trabajar en mi segundo disco. Estaba inspirada, a punto de ser feliz.

Hice ese disco con grandes expectativas. Me encantaba todo: mis letras, la música de Ulises que era fascinante. Que las canciones fueran vehículos de denuncia le daba sentido a la palabra *anarcumbia*, un género creado por mí, para hablar de todo lo que no se habla: del racismo entre mexicanos, señalar a quien señala. Lo dije todo: era algo único, más para su época; una propuesta de feminismo y anarquía.

Las expectativas son una de las trampas más crueles de la mente. Me atreví a soñar, había encontrado el amor, vivía en un lugar hermoso y tenía una misión: decirles a todos que no soy una güera de Televisa y que no quería serlo; que no todas las mujeres necesitamos serlo para ser felices. Pero al A&R de la disquera no le gustó. Eso me dolió porque yo quería su aceptación. Al presidente de Sony, Miguel Trujillo, le encantó, y para mí eso era suficiente, pero un mes después de que saliera mi disco dejó de trabajar en la disquera.

Fue un completo caos, una exageración. Visto en retrospectiva, solo puedo agradecer haber pasado por ahí. Tuve la posibilidad de conocer la industria desde la perspectiva del pop. Sin duda, gracias a Sony alcancé la popularidad que hasta el día de hoy me mantiene en el juego.

Miguel creyó en mí y yo también creí en él. Aquello que parecía tan importante o dramático, con el tiempo se convirtió para mí en tan solo una anécdota, un capítulo más de mi vida. Las disqueras no son las casas de la música; la música es como el viento. Mi casa es un huracán.

Desde que nací, me muevo de un lugar a otro. Mi estabilidad es el movimiento. Sigo durmiendo en hoteles; pocos han dormido en tantos como yo. He estado en hoteles nauseabundos, criaderos de historias atroces, y en hoteles de lujo con camas deliciosas y un clima y aroma perfectos. No importa cuántas estrellas tiene el hotel, siempre prefiero mi casa.

Y, sin embargo, lo que siento por ti es tan grande que viajo solo para acompañarte, para dormir a tu lado, para cuidar de ti. Eres lo que más me importa, por lo que más agradezco. Viajo para quedarme quieta junto a ti.

Cuánto amor, qué inmensa ternura; nunca imaginé que un corazón roto pudiera repararse al volver a amar. Nadie me ha querido tanto como tú, nadie me conoce tanto como tú.

Mi dulce amor, escribo mientras duermes.
En un rato romperás el silencio con música,
y yo sabré que el día ha comenzado.

Hollywood

Me gustaba caminar desde el inicio de la calle de Hollywood hasta el Foley Room, el bar donde Bukowski bebía noche y día. El Paseo de la Fama se extiende a lo largo de una milla, adornado con estrellas en el suelo. Cada una es un testimonio del sueño alcanzado. Estrellas rosadas con un borde dorado, cinco puntas brillando bajo el sol y la mugre. Cada estrella guarda el nombre de un famoso, de aquel que "lo logró", de quien tocó el firmamento del éxito. La vía pública se convierte en una constelación tirada. Los turistas se toman fotos con su estrella favorita y caminan sobre las de aquellos que no les interesan.

Otra atracción del Paseo de la Fama es la posibilidad de fotografiarse con personajes de Disney, superhéroes o caricaturas. Bajo los disfraces y las botargas habitan seres humanos que no viven la fantasía que representan.

Cuando llegué a Los Ángeles me inscribí en un gimnasio que estaba justo en el Paseo de la Fama. El primer día, después de hacer ejercicio, entré al sauna. Sobre la banca de madera estaba tendido un disfraz de la Mujer Maravilla. La capa roja y la falda azul con estrellas lucían desposeídas. En los lavabos encontré a una mujer que lavaba el atuendo de Gatúbela y lo llevaba a secar al sauna.

Al gimnasio asistían Chewbacca, Mickey Mouse y Blancanieves, entre otros. Hacían ejercicio, se bañaban, se vestían y salían a perseguir turistas. Algunos eran amables, como el flamante Superman; otros, como Pikachu, eran complicados. Se enfurecían si los turistas no les daban una buena propina, los insultaban y perseguían. Muchos de ellos son actores que se volvieron adictos, otros son personas sin hogar. Nadie está muy cuerdo. Una vez, me tocó ver una riña entre Batman y Darth Vader, mientras Pikachu trataba de separarlos.

La máquina de ilusiones se trabó. La realidad me alcanzó; ni siquiera en Hollywood puedo soñar.

Una realidad inminente

Mi madre murió muchas veces. La vida la golpeó de múltiples formas y en esos colapsos fue perdiendo la vida. Yo atravesé por cada duelo, sin contar las veces que murió en mi mente. Cada vez que se me perdía, la buscaba en las calles. En la noche infame, bajo la oscuridad, las cosas y las personas desaparecen con facilidad. Me sabía de memoria el teléfono de Locatel de tanto que marqué buscándola; espera... aún lo recuerdo: cincuenta y seis, cincuenta y ocho, once, once.

Cuando mi madre volvía, cuando la recuperaba, regresaba como si acabara de salir de una tormenta. Resucitada de una muerte que no testifiqué. Resucitada, sin resucitar. Y mi herida se expandía cada vez más por mis cuerpos mentales y espirituales.

Al verla con vida me desbordaba un alivio profundo seguido de un coraje tremendo. Coraje conmigo por perder la calma y coraje con ella por ser la persona más egoísta del mundo.

Confieso que muchas veces pensé que la paz llegaría el día que verdaderamente muriera. No me juzguen, estas son ideas comunes entre nosotros, los hijos de alcohólicos. Ahora bien, ¿y si pudiera no juzgarme yo?

Cuando la verdad inminente llegó, me destrozó haberlo pensado, incluso desearlo. Sentí que por mi pensamiento había sido castigada. Amaba a mi madre, mi hija y mi única amiga. Solo podía desearle eternidad, tal como era, sin que cambiara. Pero estaba tan cansada.

Cuando descubrí que tenía cáncer, le quedaban apenas seis meses de vida. Mi madre me lo había ocultado, como solía ocultarme tantas otras cosas. Siempre me hacía lo mismo: solía omitir situaciones para no causarme conflicto o dolor, pensando que ella podía resolverlo sola, pero nunca lo solucionaba; al contrario, todo se agravaba. Era una bola de nieve que crecía y crecía, y que intentaba ocultar bajo una cama inexistente.

Admito que lo presentía. Estaba muy delgada, pero no me atrevía a preguntarle qué tenía. Pensé que si no lo escuchaba, no sería una posibilidad. No quería enfrentar el mayor miedo de mi vida: perderla. Mis sueños lo delataban: la realidad era inminente. Soñaba con su muerte y con lluvia de flores blancas.

Le pedí que se mudara a mi casa que seguía conservando en la Ciudad de México. El espacio estaba completamente equipado y le di mi computadora para que pudiéramos platicar por chat todo el día. Intenté que no se sintiera culpable por nada, aunque me tragaba el coraje de no haberlo sabido antes, cuando aún se podía hacer algo. "Te voy a cuidar, no te preocupes por nada", le prometí.

De todas las escenas que imaginé en las que podría morir mi madre, el cáncer no era una de ellas. No sabía mucho de esta enfermedad. Mi mamá se arriesgaba de tal manera que nunca pensé que le tocaría una muerte así: una muerte lenta, una muerte con conciencia de la muerte. Totalmente lo contrario a mi padre, que murió de repente, sin tiempo para despedirse.

Fue horrible, tan horrible, ver cómo la vida salía del cuerpo de mi madre, sintiendo que una parte de mí se consumía junto con ella. Durante toda mi vida la acompañé en la sombra y esta vez, ella iría a un lugar más oscuro, donde yo no podía acompañarla. A un lugar al que no tenía derecho a ir y yo no quería dejarla sola.

Entonces busqué desesperadamente la manera de morir para ir con ella. Mi madre no tenía ni un peso y se rehusaba a aceptar ayuda de su familia; tampoco tenía amigos. Yo estaba desempleada, ya no tenía conciertos. Después de salir de la disquera, me quedé sin oficina; nadie vendía mis conciertos.

Alejandro Páez me dio trabajo, lo que me permitió pagar la renta y las medicinas, que en realidad solo aliviaban el dolor. Mi querido amigo Paco Saiso me ayudó a encontrar un doctor. Este le ofreció a mi madre la opción de luchar, pero ella respondió que no, que no quería perder su cabello.

En realidad, había mucho por hacer. Recuerdo poco de aquellos seis meses, los días eran muy cortos y las noches eternas; no podía imaginar qué sería de mí sin ella, sin poder escucharla. Mientras tanto, componía el disco *Mala fama* porque tenía que trabajar. La prensa seguía siendo despiadada conmigo. A pesar de que ya no estaba en el ojo público, no me soltaban.

Mi madre me pidió que mi hermano se fuera a vivir con ella. Me lo suplicó, diciendo que lo necesitaba y que había cambiado, prometiendo que nos ayudaría. Dado que estábamos en una emergencia, pensé que era una buena idea. Hablé con él y me aseguró que podía contar con su apoyo.

Su respuesta me enterneció; siempre lo he amado. Pensé que trabajaríamos en equipo: yo me encargaría de la parte económica, él del acompañamiento. Juntos, como un equipo, la sacaríamos adelante. Soñé de más.

Un mes después de que mi hermano se mudara a la casa con mi mamá, me contrataron para tocar en la Ciudad de México. Me hacía mucha ilusión estar con ellos unos días, les compré regalos.

Cuando mi avión aterrizó en la capital, recibí un mensaje de mi madre: "Mi amor, no sé cómo decirte esto, te quiero pedir que no vengas. Tu hermano ha consumido desde anoche y no quiero que lo veas así". En ese momento supe que no solo no contaba con su ayuda, sino que había traído un problema más grande. Era mi casa, yo la pagaba y no podía volver.

Me maquillé, me puse el vestuario y di un gran show. Entre menos quiero ser yo, mejor me sale ser Amandititita.

Le deposité completo el dinero del show a mi mamá y volví a Los Ángeles.

Poco después, Luis llevó a su mujer y a su hijo de dos años a vivir a casa de mi madre en la Ciudad de México. Y así, sin más, terminé manteniendo a todos. Realmente no sé qué tanto pasaba adentro de esa casa ya que, cuando iba a la ciudad, veía a mi mamá en algún Vips o Sanborns. No quería entrar a la casa. Le tenía miedo a Luis. Le tenía miedo al tiempo que no dejaba de pasar.

Cada día era un día menos. No hablé con nadie sobre el dolor que sentía, nunca demostré el terror que me inundaba. Estaba tan cansada de toda esa responsabilidad, de tener a mi cuidado a tanta gente, todos dementes. Y entonces me encontré con un amigo de Fadanelli, uno de los que verdaderamente quiere y del que siempre me había hablado bien: Andrés Ramírez.

Guillermo me lo presentó unas tres veces, siempre de la misma manera: como su gran amigo, su editor y también como el hijo de José Agustín. Desde niña escuché hablar de José Agustín mucho antes de leerlo, porque fue gracias a una reseña suya que mi padre se dio a conocer. En numerosas entrevistas, mi madre mencionaba y agradecía a aquel escritor; crecí escuchando de José Agustín.

Me encontré con Andrés en un restaurante en Los Ángeles. Llegué temprano, él se había cruzado a una tienda gigante del 99 Cents only. Minutos después volvió y me dijo que había ido a ver qué había allí. Le dije que allí no había nada bueno, solo había tuppers, él asintió y me dijo que había ido a ver si encontraba algo para sus hijas. Eso me dio ternura. Es fácil hablar con Andrés. Tiene una energía que inspira confianza; me sorprendió todo lo que le platiqué, ya que eso no me pasa nunca. Es inteligente y sereno, sin esa estridencia y locura que caracteriza a la mayoría de los amigos de Guillermo.

"¿No tienes algo por ahí que hayas escrito?", me preguntó. Le dije que sí; era mentira. No fui a cenar con él con la intención de publicar un libro. Llevaba años sin escribir. Tenía algunas hojas, las mismas que llevé a la agencia: tres o cuatro cuentos como máximo

Días después, mientras revisaba mis cuadernos viejos, estuve a punto de escribirle para decirle que no tenía nada. Pero en lugar de eso, me puse a escribir. Extrañamente, volví a encontrar la inspiración. Escribí muy rápido y cuando le mandé los textos estaba segura de que me iba a descubrir, pero no lo hizo. Ese anhelo de publicar un libro me sostuvo durante los meses que faltaban para la muerte de mi madre.

La siguiente vez que vi a mi madre le recordé aquella casa donde nos dieron refugio y me regalaron un libro. "Me van a publicar un libro", le dije, y ella lloró de felicidad. Entonces traté de escribir rápido, como si corriera contra la muerte, para que mi mamá pudiera verlo publicado. Pero no fue así.

Cuanto más se acercaba el fin, más me daba cuenta de lo mucho que dependía de ella. Aquella mujer, pese a todo, me daba una gran seguridad. Nunca me dio un hogar, ni estabilidad, pero me daba certeza. Ella era la que siempre decía que todo iba a estar bien. "Vamos a salir de esta. Dios está con nosotros".

Era una estructura frágil, donde yo me sostenía. Mi único apoyo. Admiraba la manera en la que se levantaba y seguía adelante. Aunque la mayoría de sus caídas fueron por su culpa, es real también que siempre se levantó.

¿Cómo habría sido mi madre si nunca hubiera sido atrapada por aquel ser oscuro, ese demonio de doscientas lenguas que nunca la abandonó? ¿Cómo habría sido de no ser alcohólica? ¿Por qué elegía el alcohol antes que a mí? ¿Qué le daba?

Decidí investigarlo por mí misma, adentrándome en las profundidades del alcohol. Descubrí que, antes de manifestarse como un demonio, el alcohol se presenta como un ángel. Se convierte en tu confidente más íntimo, envolviéndote con sus alas y transportándote a una dimensión sin dolor. Pero cuanto más alto asciendes, más abrupta es la caída. El alcohol es despiadado, pero ¿no es acaso la sobriedad aún más cruel?

Cómo tortura esa maldita conciencia de que todos —buenos y malos, pobres y ricos, hombres, mujeres, niños— estamos caminando al borde de un abismo. Cómo hiere la certeza de que aquello que más amamos en la vida está siempre en peligro, vulnerable ante fuerzas externas e internas, y de que, en cualquier momento, el corazón podría simplemente dejar de latir.

Y allí el alcohol se desliza y susurra al oído que nada importa, que todo es insignificante; disuelve la conciencia, y en esa oscuridad surge un deleite amargo, una paz demente.

Pensé que, al partir mi madre, podría comenzar de nuevo. Pero no fue así; sucedió justo lo contrario. Fue como si la fuerza del mar me atrapara de las piernas, arrastrándome de vuelta a los pasillos de mi infancia. Conseguí una tanatóloga para mi mamá, pero nunca tuve valor para hablar con ella. Caí en una gran negación. Hasta el día en que llamé y, al otro lado de la línea, su voz sonaba como un susurro débil, apenas audible. Las palabras se le barrían, el aire no le alcanzaba. Fue entonces cuando supe que estaba en la recta final.

Le dije a Ulises que mi madre estaba a punto de partir y que debía ir a México. Él se ofreció a acompañarme, pero, por alguna razón, sentí que debía hacerlo sola.

Hacía varios meses que había mudado a mi mamá y a mi hermano junto con su familia a una pequeña casa en San Pedro de los Pinos. Cuando llegué allí, me recibió Ana, la mujer de mi hermano, con su pequeño hijo; ellos también son de Tampico. Encontré a mi madre hecha un hilo. Su cara era una calavera con piel. No podía hablar, solo emitía sonidos. Sus dientes pastosos asomaban entre sus labios grises y secos. Me besó. Su cariño se sentía igual que siempre.

Me senté a su lado, envuelta entre un aroma amargo a medicinas. Mi madre, inmóvil, parecía una criatura mítica, como una gárgola desposeída. Su cuerpo no respondía, no caminaba, no hablaba; pero, de algún modo, tampoco parecía que la muerte rondara cerca. De repente, me atravesó el miedo de que esta criatura que solo era una sombra con piel se quedara mucho más tiempo, de que su alma siguiera atrapada en esa jaula. Permanecí a su lado hasta que se durmió.

Pensé en hacer lo mismo, así que tomé un taxi a casa de Artemio, dormí dos horas y regresé. Mi madre únicamente comía kiwis. Dormía casi siempre con el ceño fruncido por el dolor. Me senté al borde de su cama; le leí, le hablé, le besé la frente. Le pedí perdón y le aseguré que la amaba. No voy a mentir: no estuve tanto, solo lo suficiente, lo que pude soportar.

En un momento pasé un algodón con alcohol por su frente. Al percibir el olor mi madre abrió los ojos y, con un destello animal, intentó arrebatarme el algodón con la boca, como si quisiera devorarlo. Su expresión, desencajada, tenía desesperación y anhelo, era un demonio despertando al reconocer el aroma del alcohol, el alimento de esa que parecía habitarla desde adentro.

De niña podía reconocer cuando el espíritu del alcohol se apoderaba de mi madre. Aquella vez pude verlo claramente: era un ser horrible, capaz de herirme solo por conseguir una gota de alcohol, dispuesto a morderme con tal de saciarse. Retrocedí y le grité que no, como se le grita a un perro. Salí asustada del cuarto apresuradamente.

Recordé que en Los Ángeles muchas licorerías se llaman Espíritus. La palabra árabe para etanol es *al-awl*, se traduce como "espíritu" o "demonio". Su etimología está relacionada con *algol*, que significa "la cabeza del demonio". La raíz de la palabra *alcohol* está vinculada a la pérdida de la esencia del ser.

Me senté en la sala, mi mirada se deslizaba por los muebles y las cosas que guardaba mi madre. Todo parecía un santuario dedicado a mí: mis libros ordenados por editorial y color, mis dibujos enmarcados, mis fotos.

Saberme tan amada por ella me dolía mucho. Sentí que las fuerzas me abandonaban, especialmente al escucharla susurrar: "vivir, quiero vivir...". Ella, en su último aliento, pedía vivir; quería aferrarse a este mundo, uno en el que siempre fue rechazada por su familia, por sus padres, por su gran amor. Herida de mil maneras, golpeada y transgredida, con el cuerpo carcomido. Y, aun así, deseaba permanecer aquí, únicamente por el amor que sentía por nosotros, sus hijos. Hice una oración, pidiéndole a Dios que no muriera en mis brazos. No me sentía con la fuerza de soportarlo.

El siguiente día lo pasó durmiendo. Me recosté a su lado como tantas veces lo había hecho de niña, cuando esperaba que se levantara del colapso etílico, pero esta vez no llegaría el sol que la sacaría del trance. La noche se quedaría por siempre con nosotras.

Aquellas noches me quedé de nuevo en casa de Artemio, que vivía a seis cuadras de la casa de mi mamá. Regresé a su departamento muy tarde. Artemio había salido, así que di varias vueltas por las calles para matar el tiempo mientras él regresaba. Subí y bajé en el elevador; tenía mucho miedo de estar sola.

Cuando por fin entré al departamento, la muerte estaba sentada en el sofá. Reconocí su aroma, el mismo de 1985. Mi celular sonó en la penumbra. No respondí, como si así pudiera ahuyentar la noticia. Pasaron minutos, el timbre insistente rompía el silencio y yo, quieta en mitad de la sala, contemplaba la vida entrelazada con la muerte. Era como un atardecer dentro del departamento, un color sepia sobre todo. La muerte se percibe como una extraña ensoñación. Contesté el teléfono: "Ya se fue", dijo Ana.

Colgué y lo primero que pensé fue: "Ahora sí, soy huérfana". Había pasado lo que tanto temía, lo que toda mi vida le pedí a Dios que no me hiciera. Quería salir corriendo y no chocar con las calles, quería estar en el llano, aquel llano llamado el infierno, donde sabía que la pared era la muerte.

Cuando alguien muere, el llanto queda en pausa, aguardando los trámites y el papeleo. Primero hay que llamar al doctor para confirmar el fallecimiento, buscar un lugar para el velorio, pensar en cómo vestir el cuerpo. "Por favor, pónganle sus pulseras de latón". Luis y Ana estaban en shock. Mi teléfono sonaba como un eco constante en medio del duelo. Llegaron los del velatorio y pusieron a mi mamá en la carroza y me pidieron dos mil pesos para llevársela. Ya no tenía efectivo, se lo había dado todo al doctor.

Les propuse a los de la carroza fúnebre pagarles al día siguiente, pero se negaron. ¿Es neta? ¿De verdad pensaban que iba a dejar a una muerta sin pagar? Lo único que se me ocurrió fue pedirles que me acompañaran a la casa de Artemio. Eran las dos de la mañana cuando toqué a la puerta de su cuarto.

—Artemio, necesito que me prestes una lana. Mi mamá, está ahí abajo en la carroza y no se la pueden llevar si no pago dos mil pesos.

Artemio, modorro, no lo podía creer.

—¿Que dices, Chaps? ¿Dices que tu mamá está ahí abajo, en una carroza de muerto?

—Sí.

Nos miramos a los ojos con una seriedad brutal y luego nos empezamos a reír. Nos carcajeamos. Me reí con toda el alma.

Después del velorio

Fui con mi hermano, su mujer y su hijo a la iglesia cristiana donde mi madre asistía. Después de la prédica, hablamos, le ofrecí cuidar de él y de su familia. Le dije que buscara una casa, que yo pagaría la renta. Le di todas mis cosas de regalo: mis muebles, mi refrigerador, la estufa, la tele. "Solo tienes que portarte bien. Te voy a conseguir terapia; vive tu duelo y cuando estés listo puedes buscar trabajo, pero eso no urge".

Ni siquiera había pasado un mes cuando ya se había peleado con Ana. Ella había vuelto a Tampico con el niño, mientras él había vendido o tirado todas mis cosas y vuelto a las calles.

No me importaba lo material, me preocupaba él. Él, que no tenía la capacidad de vivir en calma, que la paz no le interesaba. Aún no estaba lista para renunciar; después de eso, lo traté de ayudar muchas veces y cada vez rompía mi corazón y lo volvería a hacer…

Si tan solo él quisiera cambiar…

La guerra contra el enemigo

Al regresar a Los Ángeles me recibió el insomnio más despiadado. La oscuridad de la noche era una amenaza; solo podía dormir cuando el día rompía. La ansiedad, anciana de ojos blancos, susurraba a mi oído: "Todo irá mal". Y el alcohol, aquel demonio, luchaba contra ella, la arrastraba al suelo, mientras yo, entre sus embates, me volvía cada vez más frágil. Cada intento de levantarme acababa en caída; el suelo parecía devorar mis pasos.

La naturaleza, el jardín, es un espectáculo que se aprecia mejor bajo el sol. No me correspondía aquella belleza, la dicha de despertar descansada con pensamientos limpios. Abría los ojos cuando el día estaba declinando. "La vida no puede ser este presente; debe estar en aquellas mañanas donde logré despertar temprano". La vida viene en camino. Los pájaros se vuelven brujas para el insomne. No cantan igual. Estaba enferma de recordar. Cada noche discutía conmigo misma, escribía una carta interna con los ojos cerrados.

La noche se come al día. El sol no ilumina, no calienta. Es una luna de día. El enemigo debo ser yo. Yo nunca he sido capaz de retener la paz. Yo, a quien se le negó la infancia y la inocencia; yo, maldita; nadie me quiso porque soy horrible. Hoy se inicia la guerra contra mí misma. Busco morir en donde murieron mis padres, en aquella ciudad enorme.

El dolor que siento es comparable al de una navaja
que me apuñala.
Si tuviera un sonido
sería el sonido de miles de cristales cayendo.

Un sueño profundo

Noches de insomnio, indiferente al sol o a la luna; nunca duermes. Te sientes culpable. Odias el alcohol, pero no dejas de beber. Escuchas una y otra vez "Distante instante". Hablas con tu padre; le recriminas por todo, le dices que lo amas. Tomas hasta tambalearte, te caes, y siempre que caes, sientes que alguien te atrapa. Pierdes el teléfono para que nadie te encuentre. Te adentras en lugares peligrosos, expones una y otra vez tu vida. Pero algo te cuida, sientes a tu lado una presencia; no sabes si es tu madre, tu padre o el ángel que cuidó de ellos y antes de ellos.

A menudo sientes su mano acariciando tu frente y escuchas una voz que te dice: "Resiste". La mente es indomable. Estás muerta, pero viva. No quieres parecerte a quien eras, porque a ella la lastimaron. Te transformas en otra persona. Piensas que no tienes familia porque no lo mereces. Te odias a ti misma por no lograr cuidar a tu madre. La extrañas, la odias, la amas. Nunca volverás a escuchar su voz, ni su llanto. Amas a tu padre, a Vainilla;

amaste a tu verdugo y te destrozó. Quizá porque no eres buena, pero no recuerdas qué hiciste, qué crimen cometiste, para que la vida todo te negara, para estar entre aquellos a quienes se les negó la posibilidad de jugar. La ternura.

Entonces, a tus treinta y tres años, te duermes, entras en un sueño profundo, una oscuridad sin bordes, donde intentas matarte sin que sea obvio. Todo se ha vuelto un infierno sin fuego. En el sueño, personas aparecen y desaparecen, entran y salen de tu vida: vidrios rotos, tatuajes, moretones, poetas, lágrimas. Dices amar a cualquiera que es amable, pero no es verdad; no quieres a nadie, no puedes, lastimas a gente buena. Cierras las ventanas, lloras tanto.

Cada día piensas en terminar con tu vida. Pero... Ulises... ¿cómo podrías hacerle algo así? Sería más fácil que te odie y te deje para poder suicidarte. Eres patética. Eres una burla. Nadie sabe nada de ti, nadie te conoce, nadie entendería este agotamiento tan profundo, por todo lo que caminaste. Te duelen los nudillos por todas las puertas que tocaste pidiendo comida, pidiendo lo que sobrara del plato. Te duermes y cada sueño te lleva a lugares más y más oscuros.

Vives en la casa del alcohol, la misma que te heredó tu madre. Esa casa se erige como un refugio, protegiéndote del mundo exterior. Es segura, más que lo externo, ese aroma, que oliste desde la infancia, es todo el amor que conoces. Pero esa casa, ese falso calor, esa cama que se tiende para que llores, ese cielo que se abre para tu vuelo, te traiciona. Te arroja de la peor manera y caes infinitamente. Y solo esperas que la próxima caída te mate de una vez.

Corres detrás de la muerte, sabes que no falta tanto. Entonces despiertas. Está temblando. Es el 19 de septiembre de 2017, estás sola en un hotel, estás en la Ciudad de México. La tierra cruje, te arrojas al suelo y escuchas los postes caer. Los trasformadores explotar. Está temblando, los edificios se desploman.

Por fin empiezas a despertar.

19 siempre

"Estoy aquí únicamente para ser útil".

UN CURSO DE MILAGROS

La ciudad se autodestruye.
En eso nos parecemos algunos de sus habitantes.
Pero hoy murió gente buena
¿Por qué no me morí yo, en lugar ellos?

La mañana del 20 de septiembre de 2017 atravesé la ciudad desde el sur hasta el aeropuerto. Había vivido los últimos diez años en Los Ángeles y justo el 19 de septiembre, en la misma fecha, en la misma ciudad, tuve que estar allí, sintiendo aquel estremecimiento de la tierra que años atrás había arrebatado la vida de mi padre.

En medio del caos, en la nube de polvo, entre el llanto agudo de las ambulancias, imaginé el dolor de mi padre atrapado bajo los escombros. La ciudad que tanto amó lo mató. La casa en la que confió, lo traicionó. Sé que pensó en mí, él supo que me estaba dejando sola.

Los meses siguientes, una gran tristeza se adueñó de mi vida, lloré día y noche, por primera vez viendo el duelo de frente. Por otro lado, me desbordé tratando de ayudar, buscando reparar un poco el daño. Hice lo que pude: organicé un concierto, colectas, fundé una organización a la que a la que llamé 19 Siempre. 19S. Un septiembre de por vida.

Servir a los demás me devolvía un poco de propósito, y fue entonces cuando entendí cuánto extrañaba cuidar de alguien. La fundación tomó varias formas, pero la que más me gustó fue la idea de ofrecer talleres de arte a niñas y niños en situación de calle. Conocí varias instituciones y caminé por zonas marginadas de la ciudad.

En una ocasión, fui con un grupo a Tepito; no lo mencioné, pero de niña ya había pasado por ahí. También vivimos en la Guerrero, en casa de alguien. Yo fui una de esas niñas que jugaban en la calle; me veía reflejada en cada uno de ellos. Tenía tantas ganas de protegerlos, de darles ese libro que los convertiría en escritores, de construirles una casa mejor.

La pandemia cayó justo cuando el proyecto apenas comenzaba. Entonces, 19 Siempre se convirtió en un centro de ayuda contra la violencia hacia las mujeres. Cada vez que hablaba con una mujer violentada, era como escuchar a mi madre.

Trabajé casi dos años, pero no pude más porque yo misma era un edificio colapsado. Mis piernas, como dos varillas dobladas, me arrojaron al piso el día que mi alma me abandonó. Fue en el aeropuerto de Chihuahua; no estaba cruda ni desvelada, y simplemente me desplomé. Olvidé cómo caminar y empecé a gatear. Unos momentos después, logré ponerme de pie. Fue una experiencia aterradora. Meses después, perdí el habla durante un par de minutos, no podía articular ni emitir sonidos; pensé que era un derrame cerebral.

Fui al médico, me hice múltiples chequeos, todo estaba bien en mi cuerpo. Comencé un tratamiento psiquiátrico. Logré salir de eso, pero no curarme. Nadie me dijo lo que había pasado, que estaba enferma espiritualmente.

Bienvenidos

Para recordar, vuelvo a leer Hermann Hesse. Las palabras me transportan a aquella época en la que lo único que tenía eran estos relatos para esconderme. Los libros fueron mi hogar y todo lo que necesité. Lo que los libros me han dado, la vida jamás me lo dio.

Sonrío al recordar las veces que conseguí escribir. Aquella noche bajo la luz de una vela cuando completé mi primer relato. Las veces que transformé un cuento en una canción. Y ese milagro de encontrar público, cuando los demás cantan, se adentran en mi hogar, reconociéndose en cada rincón, sintiéndose a gusto, dejando atrás sus vidas por un momento.

Quiero ser la mejor anfitriona, quiero hacer más canciones. Todas mis canciones son ficciones. Me habría encantado que esta historia también fuera ficción, pero es real. Me urge terminar esta historia, me urge terminar esta casa y librarme de ella.

Me informan que la casa de Tampico,
donde nació mi padre y vivieron mis abuelos,
ha sido vendida y demolida.
Y la casa blanca, donde me sentí parte de una familia,
ha sido vendida y demolida.
El astillero de mi abuelo
ha sido vendido y demolido.
Mis recuerdos no tienen dónde dormir.
La casa en la que ahora vivo no es mía
es probable que nunca tenga una casa propia.
Pero ahí no radica mi seguridad,
siempre podré vivir en aquel poema,
aquella canción, o el libro que aún no tengo.

Por favor, ayúdame a volver a casa

Generalmente se precisa llegar a cierta depreciación antes de estar preparado para Dios.

MARIANNE WILLIAMSON

En medio de la preparación para el Vive Latino, donde presentaría mi cuarto disco *Pinche amor*, me encontré un día en Coyoacán recordando aquellos años en los que estudiaba en la Sogem. En una librería me encontré con *Un curso de milagros*. Ese libro, como aquellas calles, hablaba de una persona que ya no existía. Lo devolví y, al salir de la librería, reflexioné sobre la persona que había sido y cómo no me gustaba en la que me había convertido. Caminé unas cuadras y regresé por el libro.

El concierto para el que tanto me había preparado salió casi perfecto. Los músicos hicieron lo suyo, las bailarinas brillaron y el sonido fue impecable. Yo cumplí mi papel: cantar, fingir fortaleza, hablar en defensa de la anarquía y la libertad de expresión. Recibir esos aplausos, ver las miradas llenas de cariño, la gente radiante de felicidad... Esa experiencia que solo unos pocos conocemos: escuchar que canten tus canciones, sentir el amor en el aire. Y, aun así, algo tan maravilloso no lograba llenar el vacío; parecía que la gente quería a alguien que yo no era.

No era nuevo tocar para miles de personas. Sin embargo, el vacío que me invadía al terminar cada presentación siempre era inédito, como una puñalada fresca. Nunca pude acostumbrarme a esa sensación. Esa extraña dinámica de imaginar un concierto, prepararlo con tanto amor, que todo salga bien y aun así no sentirme completa. Solo cansada, obsesionada con pequeños detalles de la producción que apenas alguien notaría.

Al inicio de mi carrera, en esas fiestas de Fadanelli, hacer reír a unas cuantas personas me emocionaba más. ¿Por qué, si había cumplido mi sueño y, gracias al trabajo de mi querido mánager, Juan de Dios Balbi, cada día recibía más respeto, no me sentía plena? ¿Por qué, si había logrado todo lo que deseaba, sentía este vacío?

Había dejado de beber cuatro meses antes del Vive. Ese día, me tomé de golpe todo lo que no había bebido en ese tiempo... fue un desastre. Perdí el celular y, en algún momento, me perdí entre la multitud. No supe cómo regresar al escenario y terminé saliendo por la puerta principal. Escuchaba murmullos a mi alrededor: "Es Amandititita", y yo caminaba cada vez más rápido, tambaleante. Nadie me tomó una foto, todos me dejaron seguir, me dejaron llorar. De pronto, me encontré afuera del metro. Unas chicas se acercaron y me dijeron: "Fuimos a tu show, lo hiciste increíble". Les respondí que me sentía hecha pedazos. Ellas me abrazaron.

Desperté en el Camino Real sin recordar cómo había llegado hasta allí.

Regresé a Los Ángeles cruda. El odio hacia mí misma ardía intensamente por haber bebido otra vez, aunque cada vez lograba poner más meses de distancia entre las fiestas, intervalos en los que todo parecía estar bien. Siempre me ha gustado más la sobriedad, la vida clara, de frente.

Yo podía estar sobria sin problema siempre y cuando estuviera sola o con Uli. El problema surgía al salir y enfrentarme a las personas, me intimidaban; todos parecían venir de otra vida que no era la mía. Toda la gente compartía una infancia, esa seguridad de sentirte amado por tus padres, de tener una educación; entonces bebía para olvidar que yo no era como ellos, pero me daba pánico dar ese primer trago. Una vez que el primer sorbo resbalaba en mi garganta, ya no había retorno.

Meses después preparé la maleta porque tenía un concierto en la Ciudad de México. Había quedado de ver a Fadanelli después del show. Recuerdo que cuando agarré la maleta y cerré la puerta, tuve un presentimiento extraño; supe que algo muy malo pasaría. Escuché a mi voz interna diciéndome claramente que no fuera; sentí miedo. Abrí *Un curso de milagros* y recé: "Por favor, ayúdame a volver a casa".

Fueron tres días de fiesta muy larga. Pasaron muchas cosas: canciones, discusiones, distorsión, rostros y sombras. Un choque, indiferencia. Una lágrima… ¿Qué estoy haciendo con mi vida? Soy mi madre.

Estaba muerta. Mi corazón latía, mis pies andaban, pero estaba muerta. El dolor se apoderó de mi cordura. Amaba, pero cuando bebía, el alcohol difuminaba todo lo que amaba.

Asfixia

Soy escombros;
hay varillas saliendo de mis ojos.
Mi cabello es la noche.

En algún momento de mi vida solté la pluma, se la di a la desolación y le dije: "Tú continúa esta historia". Es innegable que he pasado por circunstancias adversas, pero ¿alguien me ha hecho tanto daño como yo misma?

Me atormentaba el recuerdo de lo que fui. Algunos aspiran a ser su mejor versión con el tiempo, pero yo ya había sido perfecta a los diecisiete años. Dulce, devota; me bastaba la luz de una vela para leer poesía. Anhelaba escribir, ser la yoguini ideal.

Para volver a mí, primero debía descubrir quién era sin el alcohol. Decidí abandonar la casa del alcohol. Quedé en la intemperie. No fue fácil remover los escombros, enfrentar el vacío. Sentir el frío de confrontar la vida sin anestesia.

Hay quienes nos edificamos sobre una zona sísmica, con soportes frágiles; por eso, basta un leve temblor para desmoronarnos. Los hijos de alcohólicos heredamos esa casa de alcohol: los prudentes la rechazan, otros entran y salen, y algunos deciden quedarse a vivir ahí.

En la infancia, se forjan los cimientos. El amor da la fuerza necesaria para erigir un hogar sobre la grieta más profunda, y ese hogar jamás se va desplomar. Y, claro, están esas minorías, quienes lo tienen todo, un terreno firme, estructuras robustas. Esas vidas son privilegiadas e inmunes a los saltos de la tierra.

Durante años, cargué una culpa feroz, como si fuera una fugitiva. Me sentía tan ruin como un asesino, porque, de algún modo, lo fui: acabé conmigo misma. Llegó el momento de rescatarme. Fue un horror hallarme bajo los escombros, asfixiada.

Por cuarenta años me enterré en rencores y miedos. Fui al dolor una y otra vez, y desde ahí arrastré pesados recuerdos para seguirme sepultando. Me relacionaba con las personas de mi presente desde las heridas de mi pasado y quería que pagaran lo que otros me habían hecho. Amar me parecía muy peligroso. No quería que el amor me vulnerara de nuevo. Cada vez que amé y que confié fui lastimada. Entonces, en el intento de hacer una fortaleza de rocas y protegerme, me sepulté.

Era el momento de cuidar de mí, de ser una madre tan compasiva conmigo misma como lo fui con los demás. Tomé entre mis brazos a esa niña y le dije que podíamos empezar de nuevo, creer de nuevo en Dios si eso era lo que necesitaba. Ella siempre amó a Dios, ella era la que pedía que rezáramos.

"Perdóname, perdóname". Me perdonó. El cielo se abrió; lo supe porque sus ojos se iluminaron. "Te traté de matar, pero no quiero que te mueras. No quiero vivir sin amar, no quiero vivir sin creer, no quiero ser egoísta, no quiero ser como fueron conmigo".

¿Y por qué pasó? ¿Por qué habité en la casa del alcohol?

Aquella parte resucitada de mí me lo explicó. Me dijo que de otra manera nunca hubiera logrado perdonar a mi madre. No habría podido comprender todo el dolor que hay detrás de una adicción, que el alcoholismo es una enfermedad mental y espiritual. No es un asunto de voluntad. No es falta de amor por los demás. Es una falta de amor por uno mismo. Porque nadie que se quiera se pondría en peligro. Nadie que se quiera se destruiría. Y terminamos lastimando a quien nos ama... los alcanza el polvo y las piedras de nuestro colapso.

Todo esto fue una pesadilla, pero confieso que me humanizó, porque anteriormente mi superioridad moral era cruel. En búsqueda de la perfección, de ser el lado opuesto a mi madre, juzgaba a todos los que no fueran yoguis iluminados. Estaba llena de odio, no estaba en paz. Tuve que salir al mundo para entender que la equivocación no es una elección; nos equivocamos porque no sabemos hacerlo mejor.

Sobriedad

Muchas personas se han sentido decepcionadas al verme sobria, porque para muchos el termómetro de su propio alcoholismo es que alguien beba más que ellos. La sobriedad exige una honestidad brutal con uno mismo. Vas a tener que escucharte y vas a tener que conocerte sin esa sustancia que hace callar la conciencia.

Mi sistema nervioso estaba destrozado; cada borrachera era un intento desesperado de ganarle a la vida, de matarme. Busqué que aquellos que me amaban me odiaran para que así nada me detuviera.

No soportaba el desamor de la vida. Morí de todas las formas, viví las peores desgracias en mi mente; cada día pensaba en la noche. Mi mente se había convertido en mi peor enemigo, una máquina de imágenes fatales: siempre prendida, incansable, que escupía miles de reproches. Un monstruo que me amenazaba, asegurando que el futuro sería peor que mi pasado.

Encontré unas reuniones de Alcohólicos Anónimos en español en Los Ángeles. La mayoría de los asistentes eran inmigrantes, gente muy humilde. Al entrar a la reunión me sentí muy asustada; pisar ese lugar es admitir ante la vida que perdiste el control. Las luces blancas se sienten como si te hicieran una radiografía al alma. Al escucharlos compartir sus historias dolorosas me di cuenta de que, aunque éramos diferentes, nos unía el dolor, el desarraigo, el deseo profundo de destruirnos. Nos unía la sobrevivencia y el anhelo de mejorar. Sentí gran admiración por aquellas personas que luchaban con toda su alma contra sus propios demonios.

Al final de la reunión me invitaron a compartir un pedazo de pan con ellos. Dije que no, me avergonzaba tomar una pieza de la canasta de pan de gente tan humilde, pero insistieron. Me dijeron que no había nada que les hiciera más felices que tomar café y compartir el pan conmigo. Tomé un pedazo de su magdalena, la metí a mi boca, estaba muy dulce. Entonces fingí recibir una llamada telefónica para salir a la calle a llorar, porque sentí que estaba en el lugar más hermoso del mundo.

La siguiente vez que fui no había nadie, solo estaba el coordinador de la junta. El reloj de pared hacía tictac. La junta iniciaba a las nueve. A las nueve y media era claro que nadie asistiría y nos pusimos a platicar.

Me dijo que cada vez iba menos gente a este grupo, pero que cada día había más alcoholismo. "Es raro ver gente joven, como tú", comentó. Me reí internamente, pensando que casi cumplía cuarenta años. Me contó que hay noches en que no va nadie, pero que su trabajo consiste en abrir la puerta y poner el café, porque si alguien lo necesita, siempre debe encontrar la puerta abierta. Platicamos una hora, le compré unos libros y me agradeció por haber ido.

No regresé, mi proceso es un proceso solitario. Tengo fuerza de voluntad y, por fortuna, no desarrollé una necesidad fisiológica. El mayor de mis problemas era la incapacidad de socializar sin alcohol. No me sentía digna de expresarme, de interrumpir, de opinar. Fue más fácil crear un personaje, Amandititita, que decía todo. Que era fuerte. Que se sabía defender.

Pero yo, Amanda Lalena, quedé anulada desde aquel día en el infierno, cuando mi padrastro me gritó "Cállate, pendeja". En ese momento, se sembró la semilla de no decir nada para evitar un posible golpe. Sin alcohol emergió esa personalidad de nuevo; tímida, un poco tartamuda, aislada.

El alcohol no es en sí mismo el problema; el problema es que revela lo que hay dentro de cada uno. Tristeza, coraje, ganas de volver a ser niño, felicidad. En mi caso, yo tenía ganas de morir. Beber en exceso es una señal de que no quieres estar en la realidad porque te está oprimiendo. Deseo que todo aquel que tenga un problema con el alcohol encuentre una puerta abierta y que quienes no lo tengan brinden por nosotros.

Voy a perdonar a la vida
las veces que sea necesario,
como los árboles perdonan al viento

después de que los zangolotea,
los azota, los lastima.
Yo he sido el viento y he sido el árbol.
La naturaleza destruye, yo también.
No lo pude evitar.
Pero hoy prefiero morir antes de volver a lastimar lo que amo.
Como cuando el viento decide no tocar al árbol, dar la vuelta,
entrar al mar y despedazarse adentro.

Capítulo 1
EL SIGNIFICADO DE LOS MILAGROS
I. Principios de los milagros

1. No hay grados de dificultad en los milagros. [2]No hay ninguno que sea más "difícil" o más "grande" que otro. [3]Todos son iguales. [4]Todas las expresiones de amor son máximas.

2. Los milagros de por sí no importan. [2]Lo único que importa es su Origen. El cual está más allá de toda posible evaluación.

3. Los milagros ocurren naturalmente como expresiones de amor. [2]El verdadero milagro es el amor que los inspira. [3]En este sentido todo lo que procede del amor es un milagro.

4. Todos los milagros significan vida, y Dios es el Dador de la vida. [2]Su Voz te guiará muy concretamente. [3]Se te dirá todo lo que necesites saber.

5. Los milagros son hábitos y deben ser involuntarios. [2]No deben controlarse conscientemente. [3]Los milagros seleccionados conscientemente pueden proceder de un falso asesoramiento.

6. Los milagros son naturales, cuando no ocurren, es que algo anda mal.

7. Todo el mundo tiene derecho a los milagros, pero antes es necesaria una purificación.

Aquel relámpago

Aparta mis ojos de cosas inútiles.
SALMO 119

El relámpago es la herida de la oscuridad.
La vi romperse
y cómo se iluminó todo.
Apenas unos segundos,
pero absolutamente.

Habían pasado seis meses desde que dejé de beber. Me encontraba sola en casa, presa de la locura, tremendamente aterrada. Mi mente no me dejaba en paz, me hería con la fragilidad de todo. Ser intensamente consciente, esa es mi enfermedad. No podía respirar, salí de la casa buscando aire.

Subí la montaña de Laurel Canyon. Caminé varias horas preguntándome: "¿Cómo continuar en este mundo donde me siento tan extraña y ajena?". Los zapatos me lastimaban, me los quité y continué caminando descalza.

Subí hasta una colina, en donde se podía ver toda la ciudad a lo lejos. Miles de luces… cada luz, una esquina, una casa; en cada casa, varias vidas. Parecían estrellas, parecían luciérnagas. Me pregunté cuántas almas estarían buscando respuestas esa noche, sumidas en la misma tristeza que yo, anhelando aquello que ni siquiera recordamos. Volví a la casa, agotada. Me dolían las piernas y el alma. Con la poca fuerza que me quedaba, me arrodillé y dije: "Me rindo, ya no puedo más. Dios, no me dejes sola".

Me acurruqué en el suelo, lágrimas rodando y entonces… fue un momento, como un suspiro, un destello calcinante. Un relámpago que, por un breve latido, iluminó todo. Sentí junto a mí la presencia de lo divino. Me envolvió la certeza de ser amada. Algo inmenso y poderoso me había cuidado, incluso de mí misma. Comprendí que no había nada que temer, que la pesadilla había llegado a su fin. Aquel relámpago era más fuerte que toda la oscuridad en la que me crie. Dios estaba conmigo, dentro y fuera de mí.

Después de ese día, me sentí por primera vez en paz. Me puse a estudiar y a recorrer un camino espiritual que consistió únicamente en la lectura de *Un curso de milagros*. Después me preparé para ser maestra del curso, porque la naturaleza es compartir lo que nos gusta y nos ayuda. Es un libro que no trata de metafísica, esoterismo o magia, como se puede malentender por su título, sino sobre el perdón.

"Perdonar no es otra cosa que recordar únicamente los pensamientos amorosos que conferiste en el pasado y aquellos que se te confirieron a ti. Todo lo demás debe olvidarse". Esto es importante ya que, como el curso señala, "¿Puedes acaso encontrar luz analizando la oscuridad...?". El perdón es la fuerza sísmica más potente de todas. No hay dolor que el amor y el perdón no puedan sanar.

El curso de milagros tiene una metodología para borrar el dolor pasado, presente y el que causa el delirio del futuro. Durante un año, caminé cada día por la montaña explorando mi pasado, perdonando cada evento cruel. Fui removiendo los escombros, desmantelando una a una las viviendas del miedo.

Le mandé un mensaje a Vainilla porque un día me había llamado para pedirme perdón, y yo le había dicho que para perdonarla me tenía que dar la prueba de ADN. Sin embargo, después me di cuenta de que no era necesario tenerla para perdonarla y decidí mandarle un audio para comunicárselo.

Es más fácil perdonar cuando comprendemos que nosotros también necesitamos ser perdonados. Yo misma he pedido perdón. Sin darme cuenta, herí a muchas personas porque no sabía relacionarme desde el amor.

Entre quienes lastimé están mis primos. El hermano mayor de mi papá tuvo tres hijos: Manolo, Mariana y María José. A pesar de todo lo que ha pasado, somos muy unidos.

El día que finalmente me hice la prueba de ADN con mi prima María José, me regaló las palabras más bellas que me han dicho en la vida: "La verdadera herencia, la mejor obra, lo más maravilloso que dejó Rodrigo fuiste tú". Aquellas palabras llenas de amor me llegaron profundamente, sentí que su ternura tenía un poder curativo sobre una herida que llevo en el alma. Me quebré en llanto. La prueba arrojó un resultado positivo, confirmando que soy hija de mi padre. Fue hermoso descubrir junto a mi prima que no solo compartimos la misma sangre, sino también el mismo corazón.

El curso de milagros me salvó la vida. Es mi camino espiritual. Es un libro que siempre me ha dado fuerza para seguir.

No sé qué va a pasar, nadie lo sabe, pero nada podrá quitarme los recuerdos de este amor que teje mi presente. Soy afortunada de ver ese resplandor que cae sobre la vida. Nadie me arrebatará esta certeza. Esta felicidad que se está volviendo costumbre. El amor es más real que los momentos de dolor. No soy un cuerpo, no soy mi pasado, soy el amor que doy. No eres un cuerpo, eres el amor que das.

Quiero ser. Ser digna de amor.
Eso he querido siempre y eso significa mi nombre, Amanda.
Soy tuya, no del mundo.

Cada día es para ti. Déjame conocerte más. Dime el camino y para qué soy útil. Líbrame del mal, no me dejes caer en la tentación. Las imágenes del mundo pelean por mis ojos, por los ojos entra el mundo y todo, tarde o temprano, nos desilusionará. Perseguí todo y no fui feliz hasta que empecé a amarte.

Cierro los ojos y los abro hacia dentro. Sé que estás
aquí y no en el cielo.
Me amaste cuando más me odié.
Enviaste relámpagos en cada tormenta
para que viera en la cicatriz el camino.
Eres mi única familia, y en ti habitan todos los seres
del mundo.
No tengo manera de demostrar tu existencia, pero sí puedo
decirles que te amo.

La mente

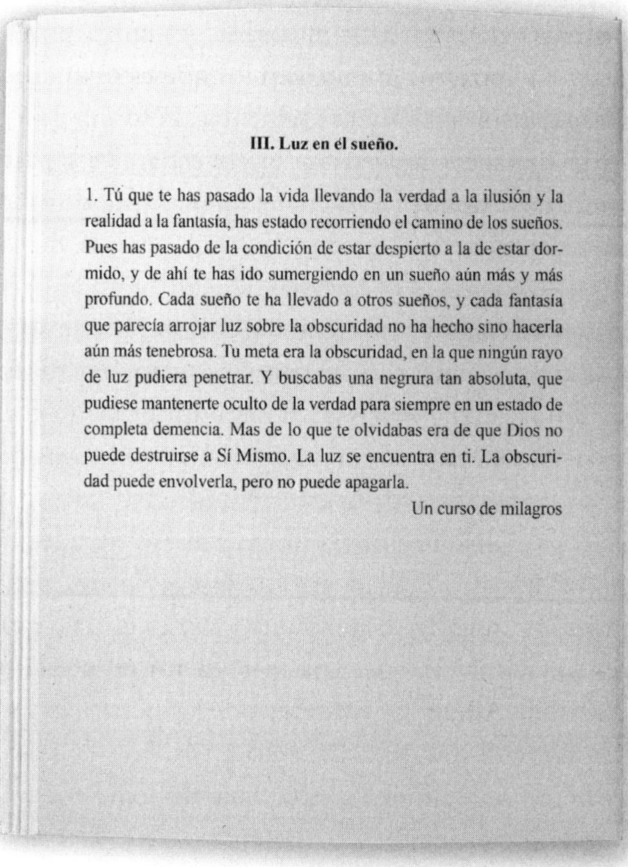

III. Luz en el sueño.

1. Tú que te has pasado la vida llevando la verdad a la ilusión y la realidad a la fantasía, has estado recorriendo el camino de los sueños. Pues has pasado de la condición de estar despierto a la de estar dormido, y de ahí te has ido sumergiendo en un sueño aún más y más profundo. Cada sueño te ha llevado a otros sueños, y cada fantasía que parecía arrojar luz sobre la obscuridad no ha hecho sino hacerla aún más tenebrosa. Tu meta era la obscuridad, en la que ningún rayo de luz pudiera penetrar. Y buscabas una negrura tan absoluta, que pudiese mantenerte oculto de la verdad para siempre en un estado de completa demencia. Mas de lo que te olvidabas era de que Dios no puede destruirse a Sí Mismo. La luz se encuentra en ti. La obscuridad puede envolverla, pero no puede apagarla.

Un curso de milagros

He aprendido a amar mi mente. A ella le debo todo, comenzando por mi profesión. Adoro mi trabajo. Mi mente todo me da y, a veces, se convierte en un demonio que me arroja visiones catastróficas, sumiendo mi cuerpo en un colapso, como si el mundo se desmoronara.

He tenido crisis muy fuertes de las que solo he logrado salir con ayuda psiquiátrica. Mi mente me enseña, una y otra vez, a ser humilde. Cuando mis trastornos psiquiátricos aumentan de intensidad, es un maldito infierno, y hay otros momentos en los que estoy tranquila y me siento completamente saludable. Pero más allá del zigzag mental, finalmente, mi fe es estable.

Ya no cuestiono la existencia de Dios cuando las cosas no salen como yo quiero. Esta soy yo, una persona que muchas veces está aterrorizada sin que pase nada, tanto que tiembla y sus dientes rechinan, que se sobresalta si escucha un ruido fuerte. Pero también soy una persona que puede maravillarse ante un plato de comida, ante el cielo, ante la mirada de un gato. Casi todos los seres humanos me enternecen. Muchas veces lloro cuando una persona extraña me sonríe. Soy agradecida y orgullosa, luz y oscuridad, errores, inseguridades, pero al menos ya no miento sobre lo que soy y lo que no tengo.

Es mi mente la que ama leer. Es mi mente la que ama escribir. Adoro los recuerdos de las ocasiones en las que he logrado escribir. Cuando en la casa de asistencia terminé mi primer cuento. Cuando logré meter un cuento en una canción.

Mis canciones son lo más cerca que podría estar de invitarlos a mi casa. Eso que siento cuando los demás las cantan es sagrado, es divino; parece que los oigo entrar a mi casa, reconociéndose, sintiéndose cómodos, olvidándose de su vida.

Me urge terminar esta historia. Me urge terminar esta casa.

La oración es mi hogar.
Un hogar que cada día se construye con congruencia.
Orar por los demás, sin intentar comprender.
Dios existe para el que lo busca.

19 de septiembre de 2024

Hola, mamá:

Hoy decidí retomar este relato que abandoné hace unos meses. Han pasado treinta y ocho años desde aquella mañana. ¿Te acuerdas, mamá? Estabas frente al televisor viendo las noticias de Jacobo Zabludovsky, donde se reportaban los aparecidos y tú decías que tenía que aparecer mi papá. Yo me acerqué a ti y te dije: "Mi papá está muerto". En lugar de callarme o regañarme por esa horrible idea, me preguntaste cómo lo sabía y yo te dije: "Solo lo sé". Y entonces volteaste a ver el televisor de nuevo.

Pasaron tantas cosas, pasamos por tantos lugares físicos y emocionales. Tú siempre me ayudaste, incluso tu destrucción fue mi guía. Te calcinaste para que yo no me acercara al fuego y, aun así, me acerqué para saber qué sentías.

Entiendo todo el dolor que sentiste, cómo te lastimó el rechazo. Mamá, fuiste mi gran maestra, siempre admiré cómo adorabas tu trabajo. Aún me llegan cartas de tus alumnos diciéndome lo buena educadora que fuiste. Tienes que sentirte muy orgullosa por eso.

Padre, gracias porque nunca te fuiste; tu presencia me ha acompañado cada día para avanzar en este mundo. Muchas personas me ayudaron por amor a ti. Tu música venció a la muerte. Ojalá lo sepas. Gracias por todas las señales que me envías, por cada vez que tu imagen o tus canciones irrumpen cuando lloro, como una señal de que estás conmigo, de que me cuidas. He sentido tu presencia más fuerte que la de cualquier persona viva. Sé cuánto me amaste, sé cuánto me amas. Perdóname, por favor, perdóname, por permitir que las cosas del mundo me hicieran dudar de nosotros. Por enojarme y reprimir la enorme necesidad que tengo de amarte.

Papá, eres lo más hermoso que he visto en la Tierra: tu rostro, tus lentes, tu voz. Me asombra tu inteligencia, me sostiene aún tu último abrazo. Es un honor ser tu hija.

Mamá, papá. Ya pueden estar tranquilos, por fin, estoy bien. Hoy quiero ser exactamente la persona que soy. Dejar el alcohol fue la mejor decisión que he tomado en mi vida. La sobriedad me regresó a ser la niña que los ama incondicionalmente. La sobriedad me hace sentir una dignidad que no puedo explicar, porque es algo que no heredé y que construyo yo sola cada día. Quiero decirles que logré perdonarlo todo y a todos. Vivo una vida tranquila, rodeada de amor y espiritualidad, tan es así que a veces se me olvida, muy seguido se me olvida, casi siempre se me olvida, todo lo que pasó.

Por primera vez en mi existencia amo la vida, amo a los demás y amo mi trabajo. El insomnio me soltó. Este año terminé mi quinto disco. No sé si soy cantautora o escritora, solo sé que amo las historias y que la vida me sigue permitiendo contarlas. Por eso conté nuestra historia, aunque, como saben, lo más hermoso y lo más terrible lo reservé. Tampoco es necesario contarlo todo.

Hay una estrella en el centro de mi corazón; esa estrella es mi hogar. Cuando este mundo se apague, ella seguirá ardiendo. Sé que me llevará hacia ustedes y podré decirles cuánto los he extrañado en este tiempo de ausencia. Los estuve buscando, incluso intenté destruirme para encontrarlos, pero ahora sé que no estaban de ese lado y entiendo cuán absurdo habría sido si lo hubiera logrado.

Pero no lo logré, porque claro está que he corrido con algo de suerte.

La luz entre los árboles

Caminando sola en San Francisco, con unos libros en la mano, buscaba un café. Caminé con la seguridad de quien sabe que todo estará bien. Un aire fuerte removió el polvo y sacudió los árboles; la gente corrió y yo me quedé estática, maravillada entre la hojarasca.

Sonreí porque la felicidad me alcanzó y abrazó. Cómo es que llegué hasta esta ciudad hermosa, qué increíble ha sido todo. Gracias, Dios, por amarme tanto.

Entonces volteé a ver la luz del cielo y sentí algo que nunca había sentido: sentí orgullo de ser quien soy.

Estoy luchando cada día por ganarme el respeto de la vida. Elegí el amor, me quedé del lado del amor. La luz entre los árboles abría frutos de estrellas, y desde una profunda paz pensé: un día contaré sobre este día… un día contaré esta historia.

Sé que voy a terminar este relato, publicaré un libro y lo llevaré a la esquina de Bruselas y Liverpool, donde el edificio de mi padre colapsó en 1985. Me sentaré en la plaza de enfrente y diré: "Mira, papá, esto construí de lo que se destruyó. Nada respetó el fuego, solo el alma".

Parecerá que no hay nadie a mi alrededor, que le hablo al aire, pero no estaré sola.

No lo estoy.

Nunca lo estuve.

Agradecimientos

Quiero agradecer a cada persona que me abrió su puerta, que me escuchó, me entendió y cuidó de mí. Muchas personas trazaron el camino para que yo estuviera aquí; esta historia es consecuencia de múltiples manos. En especial, gracias a Ulises y Joaquín Adrián por toda la felicidad que me dan y por el amor inmenso que me causa el simple hecho de verlos existir.

Índice

Esta obra se terminó de imprimir
en el mes de marzo de 2025,
en los talleres de Impresora Tauro, S.A. de C.V.
Ciudad de México.